보현행원품 강의

보현행원품 강의

普賢行願品 講義

머리말

○

"출생으로서 천인이 되는 것이 아니고, 출생으로서 바라문이 되는 것이 아니다. 행위에 의해 천인이 되고, 행위에 의해 바라문이 된다." 『경집』의 이 말씀이 계급 신분이 철벽같이 쳐 있던 인도 고대시대에 말씀하셨다는 점에 우리는 특별히 주목을 하는 것이다. 부처님께서는 행위가 일체를 결정한다고 보았다.

출신 신분이야 어떻든 오늘의 행동이 문제다. 사람은 행동으로 자기를 실현하며 자기를 형성해 간다. 필경 행위로써 성인도 되고 범부도 되고 오늘의 성공도 미래의 역사도 열려 간다.

이 점에서 보현행원은 과연 원왕願王이다. 부처님의 한량없는 공덕을 성취하는 결정적 행이기 때문이다. 보현행원을 통해서 제불여래가 출현하고 정불국토가 열려 간다. 보현행원을 통해서 부처님을 이루고 불국토를 이루거늘 그 밖의 것이야 말해 무엇하겠는가.

이처럼 보현행원은 일체를 이루는 불가사의의 방망이다. 가정의 평화를, 사회의 번영을, 국토의 안녕을, 역사의 광휘를 그리고 필경 성불하는 대도인 것이다. 어째서 그럴까. 보현행원은 그 본질이 법성신法性身의 윤리이며 법성신의 전일적 자기실현 방식이기 때문이다.

이 법문은 선재동자가 문수보살의 가르침으로 보리심을 발하고

53선지식을 두루 찾던 끝에 마지막으로 보현보살을 찾았을 때 보현보살께서 설한 것이다. 그대로 우리 모두를 향해 설하신 만고광명의 결정설인 것이다.

필자는 다행히 일찍이 수승한 인연을 만나 행원품을 근친하였고, 여러 번 번역 출판도 하였으며 법회에서 형제들과 함께 행원을 공부한 것도 여러 차례다.

여기에 모은 나의 군말은 연전에 불광법회 형제들과 공부하기 위해 쓴 것인데, 지금 책으로 묶는다 하기에 넘겨 보니 미흡한 점이 적지 않아 눈에 거슬리지만 우선은 그냥 둔다. 부족한 대로 행원공부에 도움이 될 것 같고 후일을 기약하자는 뜻도 있어서다.

또 한마디 변명을 늘어 놓아야 할 것이 있다. 이번에 '보현행자의 서원'이라는 글답지 않은 글 한 편을 넣었다는 점이다.

원래 이 글은 불광법회에서 행원을 공부하면서 행원의 가르침을 받드는 행자로서의 마음가짐을 적어본 것인데 널리 보이고자 한 것은 아니었지만 어쩌다가 여러 사람에게 읽혀지게 되었다.

이것 역시 부끄러운 일이지만 뜻을 함께하는 벗들의 권고를 물리치지 못하고 한 책에 묶었는데 거기에 담긴 나의 자그마한 뜻의 소재를 거두어 주었으면 한다.

비록 지혜가 태양처럼 빛나고 서원이 수미산같이 지중하고, 자비심이 바다같이 넉넉하다 하더라도 하나의 바라밀행이 없다면 무슨 소용이겠는가. 결단적 각행이 필경의 대도를 굴리는 것이다. 거룩한 행위 법문에 부질없는 군말을 붙인 것이 죄송하기는 하나 행동주의 불교의 선봉인 보현행자의 정진을 찬양하는 마음에서 감히 판에 싣는다. 양해를 빈다.

불기 2532년 해하일

광덕 삼가 적음

차례

보현행원품 강의

一. 행동불교 행원

보현행원품의 갖춘 이름은 「대방광불 화엄경 입부사의 해탈경계 보현행원품大方廣佛 華嚴經 入不思議 解脫境界 普賢行願品」이다. 『화엄경』 80권 밖의 별행본으로 『화엄경』 법문의 총결이라 할 수 있는 화엄사상의 진면목이다. 화엄경은 부처님의 깨달으신 내용, 광대한 공덕을 설하고 있는데 행원품에 이르러서 그와 같은 광대한 공덕을 성취할 방법을 말씀하고 있다.

선재동자[1]가 무상정각을 이루기로 발심해 여러 선지식을 찾아다니는데, 53선지식[2]을 찾아 법을 묻고 배우는 구도역정의 마지막 차례에 보현보살을 만나게 된다. 여기서 보현보살이 선재동자에게 보현행원을 설하여 그의 기나긴 구도역정의 최후를 장식하고 있다.

행원의 내용에 대해서는 뒤에 언급하겠지만 열 가지 행원 하나하나는 보살행을 완성시키는 최고 최상의 행일 뿐만 아니라, 바로 제불여래와 함께 쓰는 일진법계一眞法界의 발현이며 자성의 묘용이다. 그러므로 불법을 지식으로 알려 하거나 이론으로 알려 하는 사람은 또 모르거니와 불법을 행동으로 실천해 불법의 무상공덕을 자신의 생활과 환경에서 실현하고자 하는 사람이라면, 불가불 보현행원을 배우지 않을 수 없다.

실로 인간은 구체적 실현을 통해 체득이 있으며 불법은 이론이나 관념에 있는 것이 아니고 현실적이며 구체적인 행에 있는 것이다. 참으로 살아 있는 참된 자신의 진실행을 전개함으로써 자성의 청정을 확인하는 것이며, 생활과 환경을 조화와 번영으로 전개하는 것이며, 나아가 인류 역사를 평화와 환희의 평원으로 펼쳐가는 것이다. 만약 불법이 아무리 교학 정연하고 그 세계가 찬란하기 비할 데 없고 그 사상이 원대하고 착실하더라도 그 진리를 현실 위에 굴리는 구체적인 창조행이 없다면 그것은 한낱 타방세계의 화려한 장엄에 그칠 것이다.

오늘날 세계는 사상적 혼란과 사회적 변동으로 인간정신이 극단의 혼돈 속에 헤매고 있다. 높은 이상과 인간 가치의 실현보다 각박한 현실 위에서 살아가기에 여념이 없는 것이다. 갈등과 대립과 충돌 속에서 순간순간의 생존의 연장 확대 안정을 추구하고 있는 것이 숨길 수 없는 현실이다.

우리는 보현행원에서 오늘의 현실에 영원을 실현하며 낱낱 행에 완전무결한 진리를 창조해 필경 정불국토로 나아가는 대법을 배워야 할 것이다. 보현행원품을 읽고 배우고 행하여 오늘의 인류세계를 평화와 번영의 영원한 보살국토로 바꾸기를 기약해야 할 것이다.

여기에서는 보현행원의 각 요목에 대해 약간의 숨은 뜻을 부연하는 것으로서 오늘의 보현행자들에게 나의 경찬을 보내고자 한다.

二. 보현보살에 대해

○

보현행원품은 보현보살이 설한 것이다. 그러므로 강의에 앞서 보현보살의 덕상에 대해 약간의 설명을 가하고자 한다.

보현신상여허공普賢身相如虛空
의진이주비국토依眞而住非國土
수제중생심소욕隨諸衆生心所欲
시현보신등일체示現普身等一切

이 찬게는 보현보살의 몸과, 보현보살이 머물고 있는 곳과, 보현보살의 행을 잘 말해준다. 보현보살의 몸은 형상으로 파악할 수 없는 것이다. 보현보살은 바로 비로자나불의 원만한 원과 완전한 덕을 함께 갖추고 있으므로 육체적 · 물질적 내지 감각적 이해의 대상으로서 보현보살을 보거나 측량할 수 없다. 보현보살은 그 체성이 법계法界 자체이다. 그는 서방국토니 동방국토니 하는 한계적 국토에 머물러 있는 것이 아니고 일진법계一眞法界에 진리 자체로서 스스로 머문다. 이와 같이 볼 때 보현보살의 덕과 그 행이 말할 수 없고 생각할 수 없는 법계의 현전現前임을 알 수 있다. 그러므로 보현세계를 무어라고 말할 수 없는 것이다. 다만 부득이하여 억지로 법계니 일진법계니 해보는 것이다.

보현의 실상이 이러하므로 보현에게는 따로 버려야 할 중생도, 타파해야 할 미혹도, 벗어나야 할 번뇌도 없다. 실로 보현에게서는 그 일체가 보현의 진법계眞法界[3]이다. 『관보현보살행법경觀普賢菩薩行法經』에는 "보살심을 일으켜서 대승을 수행하고 무상보리심을 잃지 않으며 또한 번뇌를 끊지 않고 다시 오욕을 여의지 않고 육근六根이 청정해 모든 죄를 없이 하며, 부모가 낳아 주신 이 몸으로 오욕五欲을 끊지 않고 모든 경계 밖의 일을 보자면… 마땅히 보현을 보라."고 말씀하고 있다.

보현은 바로 이것이 실상實相이니 그 앞에는 일체 망상과 업장이 설 수 없다. 보현보살은 이와 같이 무구청정의 대행을 펴서 일체 중생을 고루 제도하신다.

보현普賢이라 하는 그 뜻이 여기에서 연유한다. 보현보살은 그 행 하나하나가 법계에 맞으며 두루 일체에 조화한다. 그의 체성이 두루하지 않은 곳이 없으므로 '보普'라고 하는 것이며 그가 갖춘 끝없는 공덕은 말도 생각도 미칠 수 없지만 인연따라 일체처 일체사에서 완전무결한 덕성을 실현하므로 이를 '현賢'이라고 한다.

부처님의 덕성과 공덕을 성취하며 그 국토를 장엄하는 것은 이와 같은 보현에 있어 마지막이라 하는 것이며, 우리들은 보현행원을 배움으로써 보현과 더불어 하나임을 깨닫게 될 것이다.

1

선재동자(善財童子) : 범어의 수다나(Sudhana). 『화엄경』「입법계품」에 나오는 성자(聖者)로 남방을 유행하여 53선지식에 역참참문하였다. 「입법계품」에 의하면 문수보살이 많은 비구에게 보리심을 내게 하고 나서 많은 권속들과 더불어 남방으로 가시어 각성(覺城) 동쪽에 이르러 장엄당 서다림 중의 큰 탑이 있는 곳에 계셨더니, 선재 · 선행(善行) 등 5백 동자가 있어 각성에 모임을 아시고 대자력으로 그를 위해 설법하시려 하였다. 그때 문수보살이 깊은 지혜로 그의 마음을 분별하고 관찰하니 선재라는 이름이 붙은 까닭은 다음과 같다.

이 동자를 처음 수태(受胎)하였을 때 그 집안의 칠대(七大)보전에서 널리 칠대누각이 생기고 자연히 칠보가 가득 차며 또한 이 칠보에서 7종의 싹[芽]이 났다. 이 동자가 열 달이 차 출생하니 외모가 단정 구족하고 보아(寶芽)는 높이가 2길[尋], 넓이가 7길[尋]이 되었다. 또 그 집에 5백의 보기(寶器)가 자연히 늘어섰으며 온갖 보배가 각 고방에 찼다. 이 일로 인해 이름을 선재(善財)라고 한 것이다.

이 동자는 이미 과거제불에 공양하고 깊이 선근을 심었으며 항상 청정을 즐기고 선지식에 친근하여 삼업이 청정하여 보살도를 닦아 일체지를 구해 마음이 맑기가 허공과 같아 보살의 행을 갖추고 있었다.

그때 문수보살은 선재에게 미묘법을 설하고 동자는 문수보살의 가르침에 따라 남방을 유행하여 먼저 가락국(可樂國)의 공덕(功德) 비구에게서 염불삼매문(念佛三昧門)을 배웠고, 점차 남유하여 보살 · 비구 · 비구니 · 우바새 · 우바이 · 동자 · 동녀 · 야차 · 천녀 · 바라문 · 장자 · 의사 · 선사(船師) · 국왕 · 선인 · 불모 · 왕비 · 지신 · 수신(樹神) 등 55점차 53선지식을 역방하면서 그곳에서 종종 법문을 청수하고 맨 나중에 보현보살을 뵈옵고 십대원을 듣고 아미타불 국토에 왕생하여 무생법계에 들어가는 대원을 성취하였다. 이 동자의 구법행이 『화엄경』의 입법계(入法界)의 차제가 되었는데 이것이 유명한 선재동자의 남방유행이다.

2

선지식(善知識) : 범어의 카랴나미트라(Kalyāṇamitra). 바른 도리를 가르치는 사람을 선지식(善友 · 親友 · 勝友 · 善親友)이라 하고, 그릇된 길로 인도하는 사람을 악지식(惡知識 · 惡友 · 惡師)이라 한다. 다만 지식이라고만 할 때는 선지식을 말한다. 『화엄경』 「입법계품」에 보이듯이 노 · 소 · 남 · 녀 · 귀 · 천 어떠한 모양을 하였든지 불도로 나아가도록 인도하고 인연을 맺게 하는 이는 모두가 선지식이다. 『사분율』에서는 선지식은 얻기 어려운 것을 준다고 하여 선우칠사(善友七事)를 말씀하고 있으며, 그 밖에 밖으로 두호해 주는 외호(外護), 수행 등 행동을 같이하는 동행(同行), 가르치고 인도하는 교수(教授) 등의 삼선지식으로 가리기도 하며(摩訶止觀) 『구사론송소(俱舍論頌疏)』에는 삼우(三友)가 보이는데 법을 주는 것은 상친우(上親友), 재(財)와 법을 주는 것은 중친우(中親友), 재만 주는 것을 하친우(下親友)라 하고 있다.

3

진법계(眞法界) : 보현행원력으로 들어가는 법계에 대해 유위법계 · 무위법계 · 무장애법계 등 5문(門) · 5중(重)의 구별을 세우기도 하는데, 그러나 비록 법계에 종류가 많더라도 모두가 제불과 중생의 본원(本源)인 청정심에 귀결되는 것이니 이것을 일진법계(一眞法界)·일심법계(一心法界) 또는 일진무장애법계(一眞無障碍法界)라 한다.

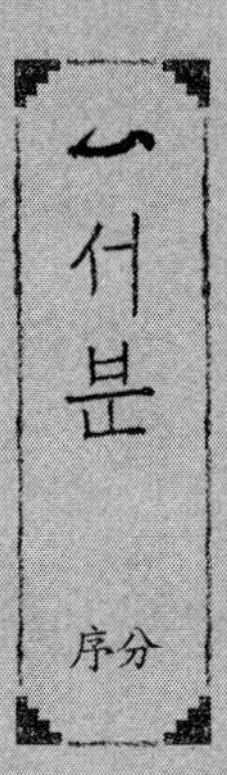
一 서분
序分

그때에 보현보살마하살이 부처님의 수승하신 공덕을 찬탄하고 나서 모든 보살과 선재동자에게 말씀하셨다.

선남자여, 여래의 공덕은 가사 시방에 계시는 일체 모든 부처님께서 불가설불가설[1] 불찰[2] 극미진수겁을 지내면서 계속해 말씀하시더라도 다 말씀하지 못하느니라. 만약 이러한 공덕문을 성취하고자 하거든 마땅히 열 가지 넓고 큰 행원[3]을 닦아야 하나니 열 가지라 함은 무엇인가.

첫째는 모든 부처님께 예배하고 공경하는 것이요, 둘째는 부처님을 찬탄하는 것이요, 셋째는 널리 공양[4]하는 것이요, 넷째는 업장을 참회하는 것이요, 다섯째는 남이 짓는 공덕을 기뻐하는 것이요, 여섯째는 설법해 주시기를 청하는 것이요, 일곱째는 부처님께 이 세상에 오래 계시기를 청하는 것이요, 여덟째는 항상 부처님을 따라 배우는 것이요, 아홉째는 항상 중생을 수순하는 것이요, 열째는 지은 바 모든 공덕을 널리 회향하는 것이니라.

爾時에 普賢菩薩摩訶薩이 稱歎如來勝功德已하시고, 告諸菩薩과 及善財言하사대 善男子야 如來功德은 假使 十方一切諸佛이 經不可說不可說 佛刹極微塵數劫하야 相續演說하야도 不可窮盡이니라 若欲成就 此功德門인댄 應修十種廣大行願이니 何等이 爲十고 一者는 禮敬諸佛이요 二者는 稱讚如來요 三者는 廣修供養이요 四者는 懺悔業障이요 預者는 隨喜功德이요 六者는 請轉法輪이요 七者는 請佛住世요 八者는 常隨佛學이

요 九者는 恒順衆生이요 十者는 普皆廻向이니라

강의

행원품이 『화엄경』의 결정설로서 부처님의 한량없는 무량 공덕을 성취할 방법을 말한다는 것이 이 서분이다. 경에 보이는 바와 같이 이 열 가지 행원을 닦으면 여래의 무량 공덕을 성취할 수 있다는 것을 말씀한다. 우리는 여기서 열 가지 행원이 갖는 의의가 무엇인가를 다시 한 번 살필 필요가 있다.

열 가지 행원 하나하나를 원만성취해야 그 다음에 비로소 부처님의 무량 공덕을 성취하게 된다는 말인가. 또 한걸음 나아가 여래 공덕이란 어떠한 것인가에 대해 미리 알아두지 않으면 안 된다.

원래 보현보살이 말씀한 도저히 말할 수 없는 무량한 여래 공덕은 이것이 부처님이 지니신 공덕세계로서 일체 중생이 마땅히 이룩해야 할 과업이며, 일체 중생이 마땅히 도달해야 할 경계임은 말할 것도 없다. 동시에 우리가 알아야 할 것은 여래경계는, 즉 중생의 본래 경계라는 사실이다. 일체 부처님이 한량없는 공덕을 이룩하셨다는 말씀이 곧 일체 중생의 청정한 본연경계가 그러하다는 뜻이다.

그리고 십종 행원은 그 하나하나가 중생이 원래 가지고 있는 청정성의 활동을 말하는 것으로서 행원을 행하는 행동 하나하나는 그대로 여래의 무량 공덕을 나투는 것이 된다. 따라서 거기에는 여래가 지니신 걸림없는 위덕이 함께 있는 것을 알아야 할 것이다.

행원을 하나하나 독립된 것으로 생각하거나 열 가지 따로따로 성취하는 것이라고 안다면 그것은 잘못이다. 행원의 하나하나가 여래 공덕의 실현이며 청정 공덕성의 발현으로서 그대로 완전히 이루어진 것이다. 행원의 하나하나가 이와 같이 본래 완성되고 청정하고 걸림없는 위덕을 지닌 사실을 우리는 깊이 믿어야 할 것이다.

이와 같이 볼 때 행원은 그것을 닦아서 장차 여래 공덕을 성취하는 것이 아니고 행하는 순간순간 완전한 성취가 있는 것이며 현실 위에 여래 청정 공덕의 창조가 있는 것이다. 우리가 진정으로 행원을 알아 바로 실천할 때 먼저 우리 마음에 평화가 온다. 우리 몸에 건강이 오는 것이다. 그의 마음 위에 여래의 청정 공덕이 넘쳐나기 때문이다. 가정에 평온이 있고 그가 있는 곳에 창조와 번영이 온다.

행원을 행하는 한 사람 한 사람이 여래의 걸림없는 위덕을 행사하며 그의 결단이 창조를 실현하는 원천이 된다. 경에는 행원을 닦는 사람은 "일체 죄업이 소멸하며, 일체 병고가 없어지며, 일체 마군이 물러가고, 선신이 수호하며, 세상을 지내매 걸림이 없어 마치 달이 구름 밖으로 나온 것과 같다."고 말씀하고 있다.

우리는 보현행원이 바로 우리들 자신이 원래 가지고 있는 부처님의 한량없는 공덕과 권능을 행사하는 방법임을 알아야 할 것이다. 따라서 부처님의 위덕은 우리의 행동을 통해 우리 앞에 전개되고, 행원의 실천을 통해서 이 땅에 불국정토가 성취되는 것을 알아야 하겠다.

행원품의 말씀을 살피건대 불법이 아무리 화려하고 뛰어나고 또한 그런 불법을 이해하고 있다 하더라도 하나의 행원적인 행동이 없다면 그 모두는 공허한 것이 된다 하겠다. 모름지기 우리는 우리 자신의 진면목을 행원을 통해 확인하고 발휘하며 권위있는 '인간 본분'을 다하고 역사를 주도할 책임을 다해야 할 것이다.

1

불가설불가설(不可說不可說) : 말로 이야기할 수 없다는 뜻도 있으나, 여기서는 대수(大數)의 이름으로 보는 것이 타당하다. 대수란 극히 많은 수(數)의 단위인데, 아승지(阿僧祇)로부터 시작해 무량(無量) · 무변(無邊) · 무등(無等) · 불가수(不可數) · 불가칭(不可稱) · 불가사(不可思) · 불가량(不可量) · 불가설(不可說) · 불가설불가설(不可說不可說)의 십수를 십대수(十大數)라 하는데 실로 천문학적 수의 단위다.

2

불찰(佛刹) : 범어의 붓다크쉐트라(buddhakṣetra)로 불국 · 불토 · 범찰(梵刹)이라고도 한다. 부처님이 계시는 국토 또는 부처님이 교화하는 국토다. 정토(淨土)는 원래 불찰이지만 예토(穢土)도 역시 부처님의 교화와 이익을 받는 곳이므로 불찰이라고 한다.

3

행원(行願) : 특정한 어떤 일을 하고자 하는 원이다. 대개 어떤 목적의 성취를 바라는 것을 원이라 하는데 내심(內心)의 원을 심원(心願), 염원(念願)이라 한다. 여기의 행원은 구체적인 행의 원이다. 보현행원은 성불을 목표로 그것을 달성하기 위한 기본행원이 되는 것이다. 행원력을 말할 때가 있는데 이때는 행원이라는 본원(本願)에서 오는 힘, 본원의 작용을 말한다. 원이 있을 때 힘이 나온다.

4

공양(供養) : 범어 푸자나(pūjanā)로 공급(共給) 공시(供施)의 뜻. 음식이나 의복 그 밖에 소용되는 물건을 불 · 법 · 승 삼보나 부모 · 스승 또는 죽은 이에게 공급하는 것을 말하는데, 공양물의 종류 · 방법 · 대상에 따라 여러 가지로 분류된다. 그리고 공양은 신체적 행위뿐만 아니라 정신적인 것도 포함한다. 이종공양(二種供養)이라 하면 진실한 도리를 깨쳐 들어가는 법공양과 향이나 꽃 등 재공양(財供養)을 말하고, 삼종공양이라 하면 재보 · 향화 등 재공양과 보리심을 발해 자리이타(自利利他)를 행하는 법공양과 사사무애관(事事無碍觀)을 닦는 관행공양(觀行供養)을 말하며, 삼업공양(三業供養)이라 하면 몸으로 예배공경하고 입으로 찬탄하고 뜻으로 서로 생각하고 존경하는 공양이고, 사사공양(四事供養)이라 하면 의복 · 음식 · 상와구(牀臥具) · 의약, 또는 음식 · 의복 · 탕약 · 방사(房舍)를 말하며 그 밖에 오종 · 십종 등이 있다.

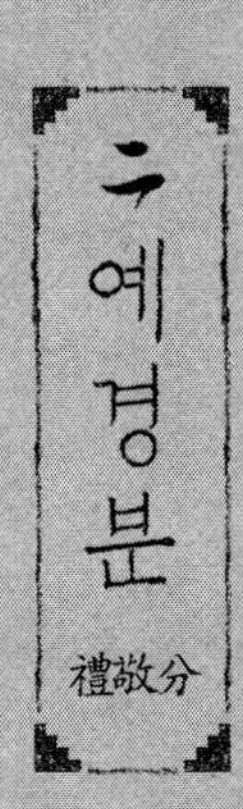
二 예경분
禮敬分

선재동자가 사루어 말씀드렸다.

"대성이시여, 어떻게 예배하고 공경하오며, 내지 어떻게 회향하오리까?"

보현보살이 선재동자에게 말씀하셨다.

"선남자여, 모든 부처님께 예배하고 공경한다는 것은 진법계 허공계[1] 시방[2] 삼세[3] 일체불찰 극미진수 모든 부처님을 내가 보현행원의 원력으로 눈앞에 대하듯 깊은 믿음을 내어서 청정한 몸과 말과 뜻을 다해 항상 예배하고 공경하되 낱낱 몸으로 불가설불가설 불찰극미진수 부처님께 두루 예배하고 공경하는 것이니 허공계가 다하면 나의 예배하고 공경하는 것도 다하려니와 허공계가 다할 수 없으므로 나의 예배하고 공경함도 다함이 없느니라.

이와 같이 하여 중생계가 다하고 중생의 업이 다하고 중생의 번뇌[4]가 다하면 나의 예배하고 공경함도 다하려니와 중생계 내지 중생의 번뇌가 다함이 없으므로 나의 예배하고 공경함도 다함이 없어 생각생각 상속하여 끊임이 없되 몸과 말과 뜻으로 짓는 일에 지치거나 싫어하는 생각이 없느니라."

善財 白言하사대 大聖이시여 云何禮敬이며 乃至迴向이닛고

普賢菩薩이 告善財言하사대 善男子야 言 禮敬諸佛者는 所有 盡法界虛空界 十方三世 一切佛刹極微塵數 諸佛世尊을 我以普賢行願力故로 深心信解 如對目前하야 悉以淸淨身語意業으로 常修禮敬하되 一一佛所에

皆現不可說不可說 佛刹極微塵數身하며 一一身으로 遍禮 不可說不可說 佛刹極微塵數佛호대 虛空界盡하면 我禮乃盡이어니와 以虛空界 不可盡故로 我此禮敬도 無有窮盡하야 如是乃至衆生界盡하며 衆生業盡하며 衆生煩惱盡하면 我禮乃盡이어니와 而衆生界로 乃至煩惱 無有盡故로 我此禮敬도 無有窮盡하야 念念相續하고 無有間斷하여 身語意業에 無有疲厭이니라

강의

一. 어떻게 예경할까

◎

여기서부터 열 가지 행원의 상세한 내용이 벌어진다.

행원은 앞에서 말한 것처럼 부처님 경계를 드러내는 것이며 중생들의 본래의 경계를 나타내는 것이어서 여기 예경장 하나만 바로 이해하면 나머지도 쉽게 이해할 수 있다.

여기에 예경장을 읽은 사람은 어떻게 예경할까 하는 의심이 들 것이다. 경의 말씀으로는 일체 세계를 극미진 크기로 부순 수효만큼의 부처님이 계신데 그 부처님 앞에 나아가 각기 극미진수 몸을 나투어

영원히 예경을 쉬지 않는다는 것이니 우선 의심이 갈 것이다.

그런데 이 말씀은 보현보살이 공연히 허황하게 떠벌린 말씀이 아니다. 실제를 들어 사실을 말씀한 것이다. 여기에 대해서는 두 가지 면을 살필 필요가 있다.

二. 시방불국이 곧 일념一念이다

경의 말씀에 '눈앞에 대하듯 깊은 믿음을 내어서'라고 한 대문에 특별히 주의해야 한다. 제불세계가 아무리 넓고, 그 넓고 큰 세계를 부순 극미진의 수가 아무리 많고, 그 수효만큼의 불국토의 부처님이 아무리 많다 하더라도 그것은 우주가 허공에 건립된 것처럼 제불국토가 또한 일념 위에 건립된 것을 알아야 한다.

바꾸어 말하면 제불국토 삼세제불이 모두 일념의 나타남이며 일념에서 제불국토 삼세제불이 즉시에 그 앞에 벌어져 있다. 그러므로 일념을 거둘 때 시방국토가 자취를 감추고 일념을 전개할 때 거기에 장엄불찰이 벌어지는 것이다.

예경을 닦는 사람은 마땅히 이 도리를 알아서 마음을 오로지 하고 마음을 청정히 하여 경의 말씀과 같이 '청정한 몸과 말과 뜻을 다해 항상 예경' 할진대 즉시에 제불세계는 거기 있는 것이며 제불세존 앞에 낱낱 몸을 나투어 예경함을 성취하는 것이다. 필경 예경을 닦는 사람은 청정한 일념으로 예경하는 데 그친다 하겠다.

三. 예경하는 방법

— 일체 중생을 공경하라 —

◎

경의 말씀에는 부처님 계신 곳마다 극미진수 몸을 나투어 극미진수 부처님께 두루 예경한다 하였으니 그와 같이 예경하는 방법은 어떠할까? 시방세계 제불국토에 신통[5]을 나투어서 그곳에 이르고 몸을 극미진수로 나누어서 예경하는 방법도 있으리라.

그러나 우리는 여기서 일체 중생을 맞이하여 그를 공경하는 데서 이 수행의 성취를 배워야 할 것이다.

원래 중생은 중생이 아니다. 그는 부처님과 더불어 동일법성이다. 중생이라는 차별의 눈으로써 그를 보고 그를 대하고 그를 평가하는 것이 중생일 뿐이다.

원래 한 중생도 없으며, 모든 중생이 실제로는 중생이 아니다. 사람마다 부처님 성품을 온전히 갖추었고 부처님이라 하여 더 많거나 더

빛나는 것도 아니요, 중생이라 하여 적거나 변질된 것도 아닌 것이다.

부처님께서는 이렇게 말씀하셨다.

"내가 불안佛眼으로 일체 중생을 보건대 탐욕[貪][6], 성냄[瞋][7], 어리석음[癡] 등 여러 번뇌 가운데 여래지如來智, 여래안如來眼, 여래신如來身이 있어서 엄연 부동하니라.

선남자여, 일체 중생은 그 몸에 여러 번뇌가 있어도 여래장如來藏이 있어 항상 때묻거나 물듦이 없고 덕상德相이 원만하게 갖추어 있어 다를 바가 없느니라."

『대방광여래장경大方廣如來藏經』에서 말씀하신 것처럼 부처님께서는 중생을 이렇게 보시기 때문에 "중생에게 하열심下劣心을 갖지 않으시며 오히려 모든 중생에게 존중심을 내고 대사에 대한 공경을 드린다."고 『무상의경無上依經』에서 거듭 말씀하신 것이다.

이렇기 때문에 행원에 믿음을 가진 사람은 마땅히 일체 처소 일체 중생에게서 부처님을 대하고 부처님을 공경하며 마땅히 '눈앞에 대하듯 깊은 믿음으로' 중생이라는 모든 부처님을 예경하는 것이다. 만약 우리 주변에 극미진수로 흩어져 있는 모든 중생에게서 공경할 것을 배우지 아니하고 타방세계 부처님을 찾아 헤매거나 법당 안의 부처님 존상만을 숭상한다면 이는 행원이 예경과는 먼 것이라 하겠다.

四. 인간 존중을 배우자

◎

행원품 첫째 대목에서 예경을 말씀하신 것을 우리는 중시해야 한다. 예경의 가르침은 부처님을 공경하는 것이지만 그 공경은 현실적으로 모든 인간에게서 부처님을 발견하고 그 가치와 존엄성을 존중하는 것이다. 이것이 행원의 첫째다. 부처님의 무량 공덕을 성취하려면 이와 같은 예경을 행해야 한다. 그리고 우리가 사는 이 국토 위에 불국장엄을 조금이라도 이룩하려면 이 땅 위에 이와 같은 인간 신성, 인간 존엄의 제도적 시설이 확립되어야 하는 것을 배워야 한다. 인간 개개인이 스스로 긍지를 가지고 불성이 지니는 무한공덕을 실현할 것을 노력해야 하고 이를 위한 사회적 보장 또한 절실하다.

현대사회는 말로는 평화와 행복의 인간세계를 이룩하겠다 하면서도 기실 생명경시 풍조와 그릇된 인간 긍정 풍조는 크게 인간을 모독하고 인간의 역사를 오염시키고 있다.

모든 중생에게서 '눈앞에 대하듯' 부처님 공덕의 주재자라는 사실이 망각되고 있다. 그는 중생이며 그는 악인이며 그는 무능자며 그는 죄인이며, 무능과 죄의 대가를 받을 자라고 인정하거나 스스로도 죄인이라고 자처하는 것으로 영광을 삼는 자도 있다. 생명을 육체에 맡긴 환상으로 보는 그릇된 생각들이 인간을 한낱 육체의 덩어리로 보거나, 물량 위주의 생산조직 속의 한 부속으로 보거나, 사상과 주의라는 신성한 이름 아래 종속물로 보는 것이다. 그리하여 차별을 정당시하고 희생을 비호한다. 근원적으로 이와 같은 그릇된 생각들이 인간을 멸시하고 생명을 경시한다. 거기에 행복이 찰 수는 없는 것이다.

또 한 가지는 그릇된 인간긍정 풍조다. 휴머니즘의 이름 하에 그릇된 인간관을 긍정하고 그것을 추구한다. 인간이 바로 육체이며 환경과 조건의 종속물이며, 그의 행복은 관능적 감각의 충족에 있다고 보는 사상이나 그와 유사한 사조들이 풍미하고 있다. 인간이 바로 육체라는 그릇된 생각에서 오늘날의 물질주의 · 배금주의가 출발한다. 이것은 인간의 긍정도 존중도 아닌 인간 멸시다.

인간의 행복을 물량적 충족과 관능적 향락으로 추구하고자 하는 사조들은 그 근본에 위험한 착각이 깔려 있다. 그러한 사상으로는 인간이 행복할 수 없다. 아무리 물질이 풍요하더라도, 아무리 관능적 욕망이 충족되더라도 그것으로 인간의 가슴이 행복해지지는 않는다.

물질주의가 지배하는 물질적 풍요를 구가하는 소위 선진국에서 부도덕이 난무하고 퇴폐의 원류가 되며, 정신병자가 대량 생산되는 현상은 무엇을 말하는가.

분명히 인간은 인간이기를 바란다. 착각으로 인한 그릇된 인간긍정이 인간정신을 황폐하게 하고 인간의 세계에 파국을 몰아온다.

우리는 모름지기 부처님의 행원의 가르침에서 무엇보다 예경의 가르침을 깊이 배워야 할 것이다. 불자로서 첫째로 배워 익힐 공부가 바로 일체인에 대한 예경임을 명심해야 한다.

預. 상불경 보살을 배우자

○

예경제불장의 여실한 수행의 본보기를 우리들은 『법화경』「상불경보살품」에서 볼 수 있다.

저 먼 겁 중에 한 보살 비구가 있었는데 이름을 상불경常不輕이라 하였다. 상불경 보살은 어떠한 사람이든 만나는 사람마다 예배하고 찬탄하였다. 그리고 말하기를 "나는 그대들을 깊이 공경하나니 그대들은 모두가 마땅히 성불할 사람이다." 하였다.

상불경 보살은 힘써 경을 외우는 것도 아니고 이와 같이 오직 예배만 하였다. 사람들이 모인 곳을 보면 쫓아가서 예배하고 찬탄해 마지 않았다. 그 중에 사람들이 화를 내어 나쁜 말로 꾸짖고 욕해도 예배하는 것을 쉬지 않았다. 사람들이 나뭇가지나 돌로 때리면 피해 멀리 달아나면서라도 높은 소리로 외치기를 "그대들은 모두가 성불할 사람이다." 하며 예배하는 것을 쉬지 않았던 것이다.

『법화경』은 상불경 보살이 바로 석가모니불의 전신임을 밝히고 있다. 우리는 이 법문에서 상불경 보살이 경을 독송하느니 보다 힘써 예배를 실천하였다는 것과, 어떠한 사람이든 차별하지 않고 예배하며 찬탄하였다는 사실과, 또한 그때의 사람들이 돌로 때리고 박해해도 굴하지 않고 끝끝내 예배 찬탄을 쉬지 않았다는 투철한 정진 정신을 깊이 배워야 한다.

수행은 결코 이론이 아니다. 오직 실천만이 있을 뿐이다.

모든 사람을 차별없이 공경하는 구체적인 행동이 예경제불을 수행하는 것이며, 모든 중생에게서 차별을 보지 아니하고 한결같이 성불할 거룩한 불성을 보는 것이 예경을 수행하는 자의 안목이다.

이 지혜 없이는 모든 중생을 예경한다는 것이 참된 것이 될 수 없으며, 나아가 어떠한 박해에도 굴하지 않고 정진을 쉬지 않는 용맹심이 나올 수 없다. 우리의 세존이신 석가모니 부처님이 이와 같이 몸소 중생을 예경하는 것으로 예경제불을 실천하고 성불한 사실을 주목하는 바이다.

오늘날 평화 번영을 외치고 인권사상을 부르짖지만, 현대인 한 사람 한 사람이 참으로 서로를 공경하고 신뢰하며 반목을 거두는 실다운 지혜가 없이는 인간 존중과 인권사상을 고취하는 사업은 오래오래 남게 될 것이다.

1

진법계 허공계(盡法界虛空界) : 유위(有爲) · 무위(無爲) 모든 세계와 일체 세계가 존재할 공간으로서 허공계의 끝까지 다한다는 것이니 한량없이 넓은 세계를 가리킨 말이다.

2

시방(十方) : 동 · 서 · 남 · 북 · 사유(四維, 동북 · 동남 · 서남 · 서북) · 상 · 하를 말한다. 대승불교에서는 시방의 무수한 세계에 부처님이 계시다 하여 시방에 있는 정토를 시방정토 · 시방불찰 · 시방불토라 하는데 여기 행원품에도 많이 보인다.

3

삼세(三世) : 범어의 트라요드흐바난(trayodhvanah). 과거 · 현재 · 미래 또는 전세 · 현세 · 내세를 말한다

4

번뇌(煩惱) : 범어로는 클레샤(kleśa). 길예사(吉隸捨)라고도 하고 혹(惑)이라 번역한다. 중생의 몸과 마음을 번거롭게 하고 뇌롭게 하고 어지럽게 하며 더럽게 하는 정신작용의 총칭이다. 그 성질은 불선(不善)이며 유부무기(有覆無記)다. 중생은 번뇌로 인해 업을 짓고 괴로운 과보를 받아 미(迷)의 세계[生死]에 매여 사는 것이라, 이것을 혹업고(惑業苦)의 삼도(三道)라 한다. 그러므로 번뇌를 끊고 열반을 얻는 것이 불교의 목적이다. 번뇌는 그 작용면에서 보아 여러 다른 이름이 있다. 수면(睡眠) · 혹(惑) · 염(染) · 누(漏) · 결(結) · 결사(結使) · 박(縛) · 전(纏) · 액(軛) · 폭류(暴流) · 취(取) · 개(蓋) · 계(繫) · 사(使) · 구(垢) · 소해(燒害) · 전(箭) · 조림(稠林) · 진로(塵勞) · 진구(塵垢) · 객진(客塵) · 쟁근(諍根) 등등이다. 대개 번뇌를 끊어야 보리[覺]를 얻는다고 하나, 본시 번뇌는 실로 있는 것이 아니고 중생 망견으로 망각하는 것뿐이므로 망견만 돌이키면 보리와 번뇌에 걸림이 없는 열반[보리]을 알게 된다.

5

신통(神通) : 범어의 아비즈냐(abijñā)인데 신통력 · 신력 · 통력 · 통이라고도 한다. 선정을 닦음에서 얻어지는 무애자재한 초인간적 불가사의한 능력이다. 신족(神足) · 천안(天眼) · 천이(天耳) · 타심(他心) · 숙명(宿命)을 오통(預通)이라 하고 여기에 누진통(漏盡通)을 더해 육신통(六神通)이라 한다. 대개 신통력은 정(定)을 토대로 한 혜(慧)를 본질로 하고 있으므로 사선(四禪)을 닦는 자뿐만 아니라 범부도 얻어지나 누진통만은 성자만이 얻을 수 있는 것이며 오통을 얻은 외도를 오통외도 또는 오통선인이라 한다. 신통은 귀신이나 제천과 같이 나면서부터 가지는 생득통력(生得通力)과 선정을 닦아서 얻어지는 수득통력(修得通力)이 있는데 신통을 얻는 방법에 따라 사선천(四禪天)에 태어난 과보로서 얻어지는 것을 보통(報通), 신선이 약을 먹어서 하늘을 나는 것 따위는 업통(業通), 바라문이 주(呪)를 외워서 몸을 숨기는 따위는 주통(呪通), 선정을 닦아서 얻어지는 통력을 수통(修通)이라 하며, 이 중 업통이나 주통은 외도가 하는 것이다.

6

탐(貪) : 탐은 탐욕 또는 탐애(貪愛)라고도 하니 일반적으로 자기가 즐기는 대상을 탐하며 구하는 마음을 말하는데 이것은 근본적 번뇌의 하나다.

7

진심(瞋心) : 근본번뇌의 하나. 진에(瞋恚)라고도 한다. 자기의 마음에 맞지 않는 경계에 대해 반발하고 미워하거나 분하게 여겨 몸과 마음이 편안치 않은 심리작용이다. 탐심 · 치심(癡心)과 합해 삼독(三毒)이라 하는데 마음의 청정을 해롭게 하는 큰 독이다.

三 찬양분

讚揚分

선남자여, 또한 부처님을 찬탄한다는 것은 진법계 허공계 시방삼세 일체 세계에 있는 극미진[1]의 그 낱낱 미진 속마다 일체 세계 극미진수 부처님이 계시고, 낱낱 부처님 계신 곳마다 다 한량없는 보살들이 둘러 계심에 내 마땅히 깊고 깊은 수승한 알음알이의 분명한 지견으로 각각 변재천[2]녀의 혀보다 나은 미묘한 혀를 내며, 낱낱 혀마다 한량없는 음성을 내며, 낱낱 음성마다 한량없는 온갖 말을 내어서 일체 부처님의 한량없는 공덕을 찬탄해, 미래제가 다하도록 계속하고 끊이지 아니하여 끝없는 법계에 두루하는 것이니라.

이와 같이 하여 허공계가 다하고, 중생계가 다하고, 중생의 업이 다하고, 중생의 번뇌가 다하면 나의 찬탄도 다하려니와 허공계 내지 중생의 번뇌가 다함이 없으므로 나의 이 찬탄도 다함이 없어 생각생각 상속하여 끊임이 없되 몸과 말과 뜻으로 짓는 일에 지치거나 싫어하는 생각이 없느니라.

復次 善男子야 言 稱讚如來者는 所有 盡法界虛空界 十方三世一切刹土所有極微의 一一塵中에 皆有一切世界極微塵數佛하며 一一佛所에 皆有菩薩海會圍遶어든 我當悉以甚深勝解와 現前知見으로 各以出過辯才天女微妙舌根하며 一一舌根에 出 無盡音聲海하고 一一音聲에 出 一切言辭海하여 稱揚讚歎 一切如來諸功德海하되 窮未來際히 相續不斷하여 盡於法界에 無不周遍하나니 如是虛空界盡하며 衆生界盡하며 衆生業盡하며 衆生煩惱盡하면 我讚이 乃盡이어니와 而虛空界와 乃至煩惱 無有

盡故로 我此讚歎도 無有窮盡하야 念念相續하고 無有間斷하야 身語意業에 無有疲厭이니라

강의

一. 부처님 공덕을 찬탄하자

◎

여기에서는 부처님 공덕을 찬탄하는 수행을 일러주고 있다. 부처님이 깨달으시고, 이루시고, 행하시는 공덕은 한량이 없다. 한량없는 부처님 공덕을 찬탄하는 것이니 찬탄도 역시 한량이 없을 수밖에 없다. 앞서 말한 극미진수 세계에 모든 부처님 계시는 곳마다 이르러 부처님의 한량없는 공덕을 끊임없이 찬탄하여 미래제가 다하도록 끊이지 않고 계속하여 찬탄의 목소리가 끝없이 법계에 두루하게 하는 것이다. 생각해 보자, 이 얼마나 아름답고 장엄스런 경계인가. 온 하늘, 온 땅, 모든 허공 가득히 부처님의 공덕을 찬탄하는 아름다운 목소리가 끝없이 울려 퍼지는 것을 생각해 보자. 경에는 변재천녀의 목소리와 변재로 찬탄하는 것으로 되어 있다.

二. 찬탄하는 근거

○

앞에서 예경의 경우에는 '눈앞에 대하듯 깊은 믿음을 내어서' 모든 부처님께 예경한다고 하였는데, 여기 찬탄에서는 '깊고 깊은 수승한 알음알이의 분명한 지견으로' 부처님의 공덕을 뚜렷이 보며 뚜렷이 받아들이며 그 감동을 찬탄으로 나타낸다.

시방세계에 두루 계시는 극미진수 부처님을 일일이 어떻게 찬탄한다는 말일까. 이것은 이미 예경장에서 말한 바 있다. 세계가 아무리 넓다 해도 일념一念을 벗어나지 않으며, 극미진수 부처님 회상이 아무리 많다 해도 일념을 벗어나지 않는다. 자성본분에 투철해 청정일념이 현전한 경지에서는 큰 것이 작은 것이고, 작은 것이 큰 것이어서 둘이 아닌 것이다. 멀고 가까운 것 또한 둘이 아니어서 시방세계 극미진수 부처님 회상이 바로 눈앞에 열려 있다. 이와 같은 분명한 지견에서 비로소 보현행원의 찬탄수행은 성취하게 되는 것이다.

그러므로 한 몸으로 시방세계에 몸을 나투며 한 목소리로 극미진수 부처님을 빠짐없이 두루두루 찬탄하는 것이다. 이러한 경지에서의 부처님 찬탄은 이것이 결코 부처님을 흠모하는 의례적 찬탄이 될 수 없다. 분명히 눈앞에 현전하는 부처님 공덕을 긍정하고 깊이 믿으며, 그 감동과 공덕 사실을 그대로 드러내는 것이다. 이것이 찬탄이다. 부처님의 무한공덕 세계의 현전과 긍정, 그리고 감동적인 사실의 술회, 이것이 찬탄임을 알아야 한다.

찬탄이 창조의 문을 여는 것이라는 의미는 바로 이곳에 있으며, 찬탄함으로써 우리와 주변에 부처님 공덕이 나타나는 이유도 여기에 있음을 알아야 한다.

三. 믿음과 긍정의 목소리

○

부처님을 우러르고, 부처님의 깨달음의 세계를 생각하고, 부처님의 끝없는 자비공덕을 생각하고, 부처님의 자재하신 위신력을 생각하고 또한 이 모든 부처님 공덕이 눈앞에 현전하였을 때 과연 어떠한 말이 나올 수 있을까? 이것을 찬탄이라고 한다.

부처님의 깨달으심은 더없이 높은 것이다. 무엇으로도 비교할 수 없이 원만한 것이다. 다시 더 남김이 없이 일체에 뛰어나고 일체에 도달하고 일체에 자재한 것이다. 이 깨달음의 믿음을 찬탄하는 것이다.

부처님은 수만 겁[3]이 지나도 변하지 않고 영원을 넘어 영원한 구원생명久遠生命이시니 우리는 이를 찬탄한다.

부처님은 일체를 성취하셨으니 일체에 원만하시다. 고통이라는 그림자가 영영 자취가 끊어졌고 끝없는 즐거움이 바다처럼 물결처럼 유유히 자약한다. 부처님의 이 열반진락을 우리는 찬탄한다.

부처님은 모두의 다시 모두다. 그러므로 온 중생이 그 안에 의지하고, 온 세계가 그 안에 출몰하며, 온 시간이 그의 눈 안에 어루댄다. 중생이며 세계며 우주며 허공이며 유有며 무無를 감싸고 그를 넘어서 스스로 있다. 조건과 이유가 있어 존재하는 것이 아니라 자존自存하는 것이다. 우리는 부처님의 이 덕상을 찬양한다.

부처님은 사랑도 미움도 기쁨도 슬픔도 결박도 해탈도 다 넘으셨다. 비록 원망의 화살과 분노의 창끝이 그를 향해 날아오더라도 부처님에게는 아름다운 꽃송이가 되어 그 앞 발밑에 뿌려질 뿐이다. 온전한 청정, 죄와 때가 묻을 수 없는 것이 아니라 당신 앞에는 무한한 청정뿐이다. 우리는 부처님의 이 공덕을 찬탄한다.

참으로 부처님의 지혜는 한량이 없다. 부처님의 자비는 한량이 없다. 부처님의 비원悲願은 한이 없다. 부처님의 행은 한이 없고 중생을 구호하고 성숙시켜 본연의 자재를 이루게 하고자 하는 자비방편은 한량이 없다. 태양이 식고 땅이 꺼지고 바다가 마를지언정 부처님의 무한공덕은 영원히 영원히 다함이 없는 것이다.

우리들은 일찍이 부처님 공덕을 모두 찬탄한 사람을 갖지 못했다. 보현보살도 역시 그러했다. 우리는 언제나 이 공덕을 잊지 않고 생각생각 찬탄해야 하겠으니 찬탄함으로써 우리들의 보잘것없이 작은 범부성이 깨지고 우리들의 마음속에 부처님의 대자비 광명은 더욱 넘쳐

나게 된다.

부처님을 찬탄한다는 의미가 우리와 더불어 영원히 함께 하는 부처님 공덕의 믿음이며 긍정이라는 사실을 우리들은 명심해야 한다. 찬탄은 이것이 우리 밖에 있는 부처님을 찬탄하라는 듯 보이지만 실제로는 우리들 자신에게 부처님의 공덕이 드러나게 하는 행위이다. 다시 말하면 마음속에 축적된 중생성을 없애고 그 속에 부처님 광명을 채우는 행위다.

찬탄이 갖는 이와 같은 의미는 우리들 자신을 광명신光明身으로 바꿀 뿐만 아니라 이것을 중생을 찬탄하는 방향으로 투사할 때 불국토 창조에 있어 결정적인 요인이 된다는 것을 배워야 할 것이다.

四. 감사하온 충정의 목소리

◎

부처님께서 우리들을 고해에서 건져내어 청정해탈의 언덕에 이르게 하고자 하는 거룩하신 뜻은 가히 무엇으로도 짐작하기 어렵다. 여러 경전에는 부처님이 아버지가 되시어 어리석은 자식들을 위험에서 건지는 것을 볼 수 있다. 세간의 아버지는 아들을 위급에서 구해 주시지만 필경 죽음이 없는 언덕에 이르게 하지는 못한다.

그러나 부처님은 불멸의 피안으로 건네주는 것으로 구함을 삼는다. 아버지라 하지만 부처님 같은 아버지는 다시 비교할 데가 없는 것이다. 부처님 스스로도 『묘법연화경』에서 "나는 성중聖衆 다시 성聖, 일체 세간의 아버지, 이 삼계는 모두가 나의 소유, 그 가운데 모두가 나의 자식, 나 한 사람만이 능히 아들을 구한다."라고 하셨다. 그야말로 완전한 구호를 감당할 아버지가 부처님 밖에 다시 또 어디 있을까.

『무상의경』에는 부처님을 한 부호 장자로 비유한 이런 말씀이 보인다.

한 아들이 있었는데 단정하고 총명해 항상 마음에 두고 사랑하였다. 이 아들이 어려서 놀다가 큰 거름구덩이에 빠졌다. 그의 어머니나 식구들은 아들이 구덩이에 빠진 것을 보고 통곡하고 고뇌하였지만 힘이 없어 아들을 건져내지 못한다. 이때 장자가 달려들어 스스로 더러운 구덩이에 뛰어 들어가 아들을 건져냈다.

여기에서 더러운 거름구덩이는 삼계三界를 말한 것이고 아들은 범부중생이고 어머니나 식구는 이승二乘[4]이다. 아버지가 능히 중생을 건지기 위해 생사마당에 뛰어들어가 아들을 구해낸 것이다.

부처님 스스로도 말씀하시기를 "어찌하면 중생들을 빠짐없이 위없는 큰 도에 능히 들어가 하루속히 부처의 몸 이루게 할까. 어느 때나 이와 같이 생각한다."고 하셨다. 일체 세간의 아버지인 부처님을 향한 감사한 충정은 무엇으로도 형언하기 어려운 것이다. 이 형언하기 어려운 감사의 충정, 그 목소리가 찬탄으로 터져나올 수밖에 없다.

부처님은 32상 80종호로 그 신상은 비할 데 없이 뛰어나시고 수승하시다. 부처님은 어느 때나 청정에 머무시어 걸림이 없다. 이 수승하심을 무엇으로 비교할까. 일체 행하는 곳마다 원만을 시현하시고 불가사의의 위신력이 수승하시고, 대해탈 자재하심을 우리는 오직 우러러 찬탄하올 뿐이다. 변재천녀의 미묘한 목소리와 부드러운 말로 부처님이 지닌 한량없는 공덕을 찬탄한다고 경에는 말씀하셨지만, 하늘과 땅과 바다가 그리고 온 중생이 너울지며 우짖으며 춤추며 찬탄할 수밖에 없는 것이 아닌가.

預. 일체 중생을 찬탄하자

◎

우리는 나면서부터 숨을 거둘 때까지, 아니 그 이후까지도 많은 이웃들과 함께 살아간다. 눈을 떠도 만나고 눈을 감아도 만나는 수많은 이웃들, 다정한 이웃들 그 모두가 때로는 고맙게, 때로는 밉게 때로는 무심하게 만나고 헤어진다. 그러나 이분들이 실제로는 부처님인 것을 누가 알았던가.

앞의 '예경장'에서도 말한 바 있지만 이분들이 실로 불가사의한 것이다. 닦고 버릴 것 없이 원래 지극히 밝고 묘하고 수승한 공덕이 넘쳐나 있는 것이다. 어떠한 생각에도 상관이 없고 어떠한 망념에도 상관이 없다. 모든 인연에 초월하고 일체 형상을 뛰어넘은 것이다.

부처님께서 『무상의경』에서 말씀하시기를 "생도 없고 멸도 없고 더함도 덜함도 없어 항상되고 영원하고 고요하고 거기 머문다."고 하셨다. 본성이 청정해 물듦이 없고 번뇌에서 벗어나 여래의 법과 상응한다 하였다. 무가無價의 여의보주로 비유하기도 하였다. 원만하고 정결해 더러운 곳에 백천겁을 던져 버려도 이 보주가 보배임은 변하지 않는다 하였다.

그러기에 부처님 스스로가 이들 중생에게 하열下劣한 마음을 내지 않는다 하였다. 모든 중생에게 존중심을 낸다고 하였다. 부처님에 대한 공경으로 대해야 한다고 하였다. 부처님께서 중생에게 존중심을 일으키며 부처님에 대한 존경심을 낸다는 것은 무엇으로 연유해서일까. 물론 말할 것도 없이 자성청정을 보시기 때문이다. 번뇌에 덮여 있어 중생이라 하지만 부처님께서는 '번뇌는 무력 무능하고 근본이 없음을…' 보신 것이다. 근본이 없으므로 허망한 망상에서 일어난 것이다. 진실한 바탕이 없는 것이다. 설사 번뇌가 있어도 물듦이 없는 것을 보신 것이다.

부처님은 이렇게 보시고 이렇게 말씀하셨으니 우리는 마땅히 믿음으로 이 가르침을 받들어야 할 것이 아니겠는가. 우리가 대하는 온 이웃 일체 중생이 여래성인 것이다. 부처님의 무량 공덕성을 여의지 않고 있는 것이다. 그러므로 부처님에 대한 찬탄은 바로 일체 중생에 대한 찬탄이 되지 않을 수 없다. 부처님께서 중생에게 존중심을 내시며 대상에 대한 공경을 일으키시거늘 다시 우리가 무슨 말을 하랴. 마땅히 일체 중생에 대해 감사와 존경과 찬탄을 바치는 것이 우리의 자세일 수밖에 없다.

六. 찬탄하는 말이 무한을 창조한다

○

말은 말로 끝나지 않는다. 말은 힘을 가지고 있다. 단순한 음성의 표현을 넘어 말이 담은 의미를 실현시키는 힘을 가지고 있다. 왜냐하면 말은 생각의 표현이며 생각은 마음의 진동이고 마음에는 일체 성취의 위덕을 지니고 있기 때문이다. 밝고 청정하고 자비심이 담긴 말에는 밝은 평화를 이룩하는 힘이 있다. 어두운 말, 불행한 말, 대립 · 갈등 · 분노의 말에는 파괴와 불행이 깃들게 된다. 말은 마음의 행동인 까닭에 밝고 평화로운 우정의 말에서 말하는 사람의 가슴에 밝음과 평화와 기쁨이 깃들고, 밝고 기쁜 마음에서 밝고 깊은 생활환경을 만들어 간다. 밝은 마음이 밝은 생활여건을 끌어당기는 것이다. 여기에서 우리는 말이 창조의 힘을 지녔음을 알 수 있다.

그러므로 우리는 인간이 지닌 본성 청정을 믿고 무량 공덕을 믿을 것이요, 그 위에 몽환처럼 덮여 있는 그릇된 중생현상을 보지 말아야 한다. 실實이 아니기 때문이다. 인간의 진성, 인간의 실상을 보고 현상경계에 휘둘리지 말아야 한다. 여기에서 우리는 우리들 자신과 우리 환경에 진리실상을 가꾸어 가는 위대한 사업을 하게 된다. 진리를 긍정하는 말은 인간과 그 사회에 평화번영을 이룩하는 위대한 힘이 있는 것이다. 이것이 어찌 보살[5]의 길이 아니며 불자의 길이 아니겠는가.

우리는 모름지기 믿음을 세우고 눈을 바르게 떠서 부처님을 찬탄하고 일체 중생의 무한 공덕을 찬탄해 청정 공덕을 실현해 가야 하지 않겠는가. 신념이 담긴 말, 결정적이며 적극적인 말, 밝고 긍정적인 말, 희망과 성공과 성취가 담긴 말, 우정과 협동과 발전을 담은 말, 존경과 감사와 찬탄이 담긴 말, 법성 광명의 믿음을 담은 말을 끊임없이 배우고 연마해 활용할 것을 배워가도록 하자.

七. 남의 허물 보지 말고 나쁜 말하지 말자

○

앞의 찬탄은 이것이 사람의 본성의 참공덕을 긍정하는 말이라 하였다. 그리고 찬탄하는 사람은 찬탄 받는 사람에 앞서 복을 받는다 하였으니 그것은 찬탄하는 자의 마음에는 아름다운 공덕이 가득 있기 때문이다.

일체유심조一切唯心造의 가르침과 같이 마음이 일체를 만들어내기 때문이다. 찬탄하는 사람은 그와 같이 착한 마음이 있어 착하고 행복한 환경을 만들어내지만 그와 반대로 나쁜 말을 하는 사람은 자기 환경에 불행한 것을 만들어낸다.

나쁜 말을 하면 한때 자기 직성이 풀린 것도 같지만 실제로는 자기 환경을 악화시키는 것이다. 자기 몸에 병을 만들기도 하고, 어린 가족을 병들게도 하고, 자기 사업에 장애를 가져오게도 한다. 성 잘내는 사람은 신경통이 나기 쉽고, 원한을 품고 있는 사람은 심장병이 나며, 미운 생각이 가득 차 있는 사람에게 여러 장애가 생기는 것은 당연하다. 마음속에 스스로 원인을 짓고 있기 때문에 그 결과는 자기가 거두는 것이다.

이 도리를 안다면 결코 나쁜 말을 하지 말아야 할 것이며 나쁜 생각을 마음에 두지도 말아야 한다. 남의 허물을 보는 것은 그것이 남의 허물이 아니라 자신의 허물이며 자신의 마음속에 불행의 씨앗을 심는 것이 되는 것이다.

원래 사람의 입은 그것이 마음을 나타내는 중요한 통로다. 이 입은 바르게 관리하고 잘 활용해야 한다. 그렇지 아니하면 앞서 본 바와 같이 스스로를 해치고 남도 해치게 된다. 입단속을 잘못해서 얼마나 많은 재앙을 부르며 친한 사람에게 상처를 주며 따뜻해야 할 인간사회를 거칠고 황량하게 만드는가를 생각해야 할 일이다. 그러므로 이 입은 항상 찬탄하고 기쁘고 긍정적인 말로 채워져야 할 것이요, 결코 나쁘거나 소극적인 말을 해서는 안 되겠다.

八. 나쁜 말을 들었을 때

○

우리의 본성은 '불성'이요 '바라밀'이다. 인간과 우주에 참으로 있는 것은 '불성'이요, '바라밀'뿐이다. 이 불성은 결코 나쁜 것은 없다는 것을 앞에서도 거듭 말한 바이다. 그러므로 나쁜 말이란 원래 없는 것이다. 우리에게 나쁜 말이 밀려왔을 때 여기에 분개하고 항거하여 마음을 동요해서는 안 되겠다. 원래 불성에는 나쁜 말이 없는 것이요, 없는 것이 실상이기 때문이다.

우리에게 나쁜 말이 들려왔을 때, 우선은 그것이 나를 반성시키는 좋은 가르침이 아닌가를 생각할 뿐, 결코 그것에 대항하고 마음속에 받아들여 괴로워하거나 동요해서는 안 될 것이다. 왜냐하면 나쁜 말은 허망한 것이어서 없기 때문이다. 좋은 사람 사이에 나쁜 말이 왔을 때 그것을 못 들은 척하고 무시하는 것이 아니라 자기에게 교훈이 되는 좋은 면을 받들고 감사해야 하는 것이다. 고마워하고, 감사할 뿐 다시는 다른 것이 없게 대해야 할 것이다.

우리의 본성은 원래 착한 것뿐이요, 법의 실상이 광명과 자비뿐인데 여기에서 다른 생각을 내는 것은 바로 망념에 끄달리게 된다. 마음을 망념에 끄달리지 않고 항상 자기 본성을 비추어 보아 매昧하지 않는 것이 정념正念이며 정진이다. 이렇게 수행할 때 현실에 살되 현실에 걸림이 없고, 번뇌 속에 살되 번뇌에 물들지 않으며, 장애를 만나되 장애가 막힘이 없이 항상 자성을 연마해 빛을 내고 청정한 환경을 창조하게 되는 것이다.

"일체 여래를 찬탄하라"는 가르침 속에서 우리들은 영원히 자성 광명을 막힘없이 구사해 끝없는 여래 공덕을 향유하는 대법문을 배워야 할 것이다.

九. 생명과 함께 영원할 찬탄

○

경전 말씀에 "일체 여래의 모든 공덕을 찬탄해 영원토록 끊이지 아니하며 허공계가 다하고 중생계가 다하고 무궁토록 찬탄을 끊이지 아니한다." 하였으니 이것은 실로 우리의 생명과 더불어 찬탄은 영원하다는 말씀이다. 이 생명 다하도록 찬탄을 쉬지 않는다는 말씀이다.

여기서 우리는 등한히 넘어가서는 안 된다. 우리의 생명이 '불성'이요, 우리의 본성이 '바라밀'일진대 우리의 본성 생명은 무궁토록 진동하며 무한자재로 자약自若하다. 이 영원자재 자약한 우리 본성 생명을 입을 통해 표현하는 것이 바로 찬탄이므로 우리의 생명이 영원하듯이, 우리의 본성이 영원하듯이, 우리의 찬탄이 영원할 수밖에 없다. 어떠한 재앙이 닥치더라도 어떠한 장애가 닥치더라도 우리의 찬탄은 쉴 수 없는 것이다. 저 『법화경』에서 밝히신 바와 같이 우리 세존 부처님께서 상불경 보살常不輕菩薩이었을 적에 박해를 받으면서도 그 모든 사람을 공경 예배하고 찬탄하였다는 사실을 우리는 배워야 할 것이다. 약간의 불평을 당하거나 약간의 나쁜 말을 듣거나 약간의 억울한 말을 들었다 해서 그것 때문에 우리의 찬탄이 중단될 수는 없음을 명심해야 할 것이다.

1

극미진(極微塵) : 범어의 파라마나(paramāṇu)로서 한자로는 파라마나(波羅摩拏)라 적는다. 최극미세(最極微細)한 단위로서 물질을 분석한 극소 불가분의 단위인데 지금 과학에서 말하는 분자(分子)와 서로 비슷하다. 극미 또는 극미진이라고 한다. 1극미를 중심으로 하여 상하 사방의 6방으로 극미가 집합한 한 덩어리를 미(微) 또는 미진이라고도 한다. 이와 같이 한 7미가 1금진(金塵), 7금진이 1수진(水塵), 7수진이 1토모진(兎毛塵), 7토모진이 1양모진(羊毛塵), 7양모진이 1우모진(牛毛塵), 7우모진이 1극유진(隙遊塵, 向遊塵 또는 日光塵)이라 한다. 금진 · 수진은 금중(金中) 또는 수중(水中)의 간격을 통과할 수 있을 정도로 미세하다는 뜻이며, 토 · 양 · 우모진은 각 터럭 끝에 끼일 정도의 작은 먼지며, 극유진은 창문 틈으로 비치는 일광 속에 떠 있는 먼지 정도의 크기이다. 따라서 1극미는 극유진의 823,543분의 1이 되는 셈이다. 극미는 한 물질의 최소극미 부분인 이상 그 나름의 견(堅) · 습(濕) · 난(煖) · 동(動)의 네 가지 성질을 가지고 있는 것은 물론이다. 여기 행원품에 보이는 '불찰 극미진수'라 함은 한 불세계를 극미진으로 나눈(부순) 그 먼지 수를 가리키는 것이니 가히 그 수를 짐작하기 어렵다.

2

변재천(辯才天) : 노래 · 음악을 맡은 천부(天部)의 여신(女神)이다. 묘음천(妙音天), 묘음악천이라고도 하며 혹은 대변재천 · 대변천이라고도 하는데 걸림없는 대변재를 가졌으며 사람으로 하여금 무애변재를 구족하게 하며 복과 지혜를 더하고 수명을 늘리며 재보를 얻게 하며 또한 천재지변을 없이 하며 원적(怨敵)을 이기게 하는 위력이 있다고 한다.

3

겁(劫) : 범어의 칼파(kalpa), 겁파(劫波)라고도 쓴다. 장시(長時), 대시(大時)로 번역된다. 1겁이 어느 정도의 시간인지는 일정하지 않다. 아주 기나긴 세월, 세상이 한번 생겼다가 없어지는 시간이라 알아두는 것이 좋을 듯하다. 『지도론(智度論)』의 개자겁(芥子劫)이란 사방 40리의 성안에 가득한 개자씨를 100년에 한 개씩 꺼내어 마침내 전부를 꺼내더라도 겁이 다하지 않는다는 것이고, 불석겁(拂石劫)이란 사방 40리의 큰 돌을 100년에 한 번씩 엷은 천의(天衣)로 스치고 지나가 마침내 그 돌이 다 닳아 없어져도 겁은 다하지 않는다는 것이다. 또 한 가지 설에 의하면 인간 수명 무량세로부터 100년에 한 살씩 차차 감해서 인수(人壽) 10세가 되는 기간을 1중겁(中劫)이라 하고, 다시 100년마다 한 살씩 늘어 인수 8만 세에 이르고 다시 줄어 10세에 이르는 기간을 1중겁, 이와 같이 하여 18회를 반복한 것이 18중겁이고, 최후에 10세로부터 다시 늘어 8만 세에 이르는 기간이 1중겁, 이와 같이 하여 이상의 20중겁이 세계가 이루어진 모양대로 있는 것이므로 이것을 주겁(住劫)이라 한다. 또한 인수가 줄어가는 동안을 감겁(減劫)이라 하고, 늘고 있는 동안을 증겁(增劫), 그 다음에 세계가 허물어져 가는 동안을 괴겁(壞劫), 다음에 다 없어져 빈 채로 있는 동안을 공겁(空劫)이라 하며, 다시 세계가 이루어져 가는 기간을 성겁(成劫), 성겁의 시초를 겁초(劫初)라 하고, 이 성 · 주 · 괴 · 공의 사겁(四劫)을 일대겁(一大劫)이라 한다. 사겁의 길이는 20각 각 중겁이므로 일대겁은 80중겁이 되는 셈이다. 그리고 일대겁은 80중겁이 되는 셈이다. 그리고 1중겁을 2소겁(小劫)으로 하는데 이것은 『구사론(俱舍論)』의 설이다.

4

이승(二乘) : 승은 타는 수레 따위를 말하는 것인데 법수레를 타고저 언덕[깨달음]에 이르게 한다는 것이니, 성문승(聲聞乘) · 연각승(緣覺乘) · 보살승(菩薩乘)을 삼승이라고 하고, 성문승 · 연각승을 이승이라 한다. 대개 일승(ekayāna)이란 부처님의 참된 가르침은 유일(唯一)하니 이 가르침에 의해 모든 사람이 한결같이 성불한다는 것이며, 삼승(triṇi-yānani)은 중생의 성질과 능력에 응해 성문 · 연각 · 보살에 각각 고유한 깨달음이 있다는 것이다. 그러나 대개는 일승[一佛乘]이 진실이요, 이승 · 삼승은 중생의 기근(機根)에 따라 일불승에 이르게 하여 성불하게 하는 방편설이라는 것이 통설이다.

5

보살(菩薩) : 범어의 보디삿트바(bodhisattva)를 줄인 말이다. 보리살타(菩提薩埵) · 보리삭다(菩提索多) 또는 부살(扶薩)이라고도 쓰며, 각유정(覺有情), 도심중생(道心衆生)이라 번역한다. 보살이란 성불하기 위해 수행에 힘쓰고 있는 이의 총칭인데, 넓은 의미로는 일반으로 대승교법에 귀의한 이를 말한다. 보살은 원래 큰 마음을 내어 불법에 들어와 사홍서원을 발하고 육바라밀을 수행하며, 위로 보리를 구하고 아래로 일체 중생을 교화해 삼아승지 100겁의 긴 세월 동안 자리이타의 행을 닦으며 51위의 수행계단을 지나 드디어 불과를 증득한다. 그러나 이것은 교문의 말씀이고 종문 수행에 의하면 사람의 마음을 바로 보면 곧 성품을 봄이라 단번에 부처가 되니 도시 이 문에서는 이러한 차례를 두지 않는다. 지장보살은 중생을 제도하기 위해 성불하지 않으므로 이런 보살은 대비천제(大悲闡提)라 한다. 소승에서는 아라한과를 최상의 증과(證果)로 삼고 부처님은 오직 석가모니불과 미래에 성불할 미륵불뿐이라고 하므로 보살은 석가세존 성불전의 호명보살과 앞으로 성불할 미륵보살밖에 없다고 하지만 대승에서는 모두가 성불하는 것을 목적으로 하므로 재가 출가를 막론하고 대승법을 수행하는 이는 모두 보살이라 한다. 보살을 나누기를 재가와 출가, 퇴전(退轉)과 불퇴전, 생신(生身-번뇌를 끊지 못함)과 법신(法身-번뇌를 끊고 육신통을 갖춤), 생사육신과 법성생신(法性生身), 대력(大力)과 신발심(新發心), 돈오(頓悟)와 점오(漸悟), 지증(智增)과 비증(悲增)으로 한다.

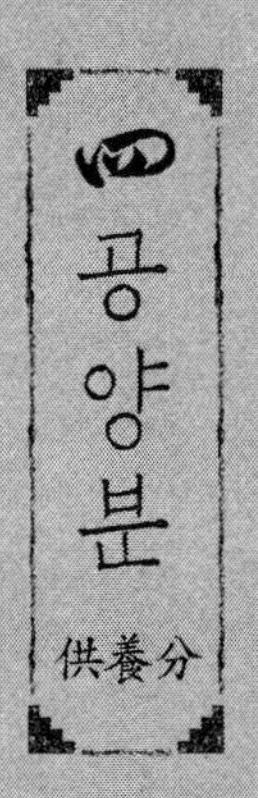
四
공양분
供養分

선남자여, 또한 널리 공양한다는 것은 진법계 허공계 시방삼세 일체불찰 극미진마다 각각 일체세계 극미진수의 부처님이 계시고, 낱낱 부처님 계신 곳마다 한량없는 보살들이 둘러 계심에 내가 보현행원의 원력으로 깊고 깊은 믿음과 분명한 지견을 일으켜 여러 가지 으뜸가는 묘한 공양구로 공양하되, 이른바 화운[1]이며 만운[2]이며 천음악운이며 천산개운이며 천의복운이며, 가지가지 하늘의 향인 도향이며 소향이며 말향이며, 이와 같은 많은 공양구가 각각 수미산만해, 또한 여러 가지 등을 켜되 소등이며 유등이며 여러 가지 향유 등이며, 이와 같은 등의 낱낱 심지는 수미산 같고 기름은 큰 바닷물 같으니 이러한 여러 가지 공양구로 항상 공양하는 것이니라.

선남자여, 모든 공양 가운데는 법공양[3]이 가장 으뜸이나니 이른바 부처님 말씀대로 수행하는 공양이며, 중생들을 이롭게 하는 공양이며, 중생을 섭수하는 공양이며, 중생의 고를 대신 받는 공양이며, 선근을 부지런히 닦는 공양이며, 보살업을 버리지 않는 공양이며, 보리심을 여의지 않는 공양이니라.

선남자여, 앞에 말한 많은 공양으로 얻은 공덕을 일념 동안 닦는 법공양 공덕에 비한다면 백분의 일도 되지 못하며, 천분의 일도 되지 못하며, 백천구지 나유타분[4]과 가라분[5]과 산분과 수분과 비유분과 우파니사타분[6]의 일도 또한 되지 못하느니라. 무슨 까닭인가. 모든 부처님께서는 법을 존중히 하시는 까닭이며, 말씀대로 행하면 많은 부처님이 출생하시는 까닭이며, 또한 보살들이 법공양을 행하면 곧 여래께 공양하기를 성취하나니 이러한 수행이 참된 공양이 되는 까닭이니라. 이 넓고 크고 가장 수승한 공양은 허공계가 다하고 중생계가 다하고 중생의 업이 다하고 중생의 번뇌가 다하면 나의 공양도 다하려니와, 허공계와 내지 중생의 번뇌가 다함이 없으므로 나의 이 공양도 다함이 없어 생각생각 상속하여 끊임이 없되 몸과 말과 뜻으로 짓는 일에 지치거나 싫어하는 생각이 없느니라.

復次 善男子야 言 廣修供養者는 所有盡法界 虛空界 十方三世一切佛刹極微塵中에 一一各有 一切世界極微塵數佛하며 一一佛所에 種種菩薩海會로 圍遶어든 我以普賢行願力故로 起深信現前知見하야 悉以上妙諸供養具로 而爲供養호대 所謂 華雲이며 鬘雲이며 天音樂雲이며 天傘蓋雲이며 天衣服雲이며 天種種香인 塗香이며 燒香이며 末香이니 如是等雲이 一一量如須彌山王하며 然 種種燈호대 酥燈이며 油燈이며 諸香油燈이 一一燈炷 如須彌山하며 一一燈油如大海水하야 以如是等 諸供養具로 常爲供養이니라

善男子야 諸供養中 法供養이 最이니 所謂如說修行供養이며 利益衆生供養이며 攝受衆生供養이며 代衆生苦供養이며 勤修善根供養이며 不捨菩薩業供養이며 不離菩提心供養이니라 善男子야 如前供養無量功德을 比法供養一念功德컨댄 百分不及一이며 千分 不及一이며 百千俱胝那由他分과 迦羅分과 算分 數分과 喩分 優波尼沙陀分에도 亦不及一이니 何

以故오 以諸如來尊重法故며 以如說行이 出生諸佛故며 若諸菩薩이 行法供養하면 則得成就供養如來니 如是修行이 是 眞供養故니라

此 廣大最勝供養을 虛空界盡하며 衆生界盡하며 衆生業盡하며 衆生煩惱盡하면 我供이 乃盡이어니와 而虛空界와 乃至 煩惱不可盡故로 我此供養도 亦無有盡하야 念念相續하고 無有間斷하야 身語意業에 無有疲厭이니라

강의

一. 무한공덕장 세계를 여는 길

부처님 세계는 일체 공덕의 근원이며 만복이 거기에 구족함은 이미 여러 차례 말했다. 이 부처님의 공덕세계는 영원히 변함 없으며 그것이 어떤 한정된 국토에 갇힌 것이 아니라 일체 세계에 두루하고 있다. 부처님의 공덕세계는 한계가 없이 일체에 두루하기 때문이다. 특별히 수행한 사람이나 착한 일을 한 사람에게만 열린 것이 아니다. 모든 사람 모든 중생 앞에 평등하게 열려 있다.

아무도 이 부처님의 무한공덕장 세계 밖에 있는 사람이 없고 차별된 중생이 없다. 일체 중생이 그 속에 살며 그 공덕을 생명으로 하여 살

고 있다. 이것이 실상이다. 있는 그대로의 참모습이다. 그런데 중생들 세계는 혹은 복되고, 혹은 영화롭고, 혹은 불행하고, 혹은 고난을 헤매고 있는 것이 우리 눈에 띄는 바이니 이것은 웬일일까? 그것은 스스로 마음을 일으켜 자기를 한정하고 자기를 비소화卑小化시키며, 이 한정되고 비소화시킨 작은 것을 자기로 그릇 알고 집착하기 때문이다. 이것이 중생의 차별이 생기는 근원이다.

이 세상이 이와 같이 태양 아래 광명천지이건만 스스로 눈을 가려 밝음을 보지 못하는 자도 있고, 어두운 굴 속에 빠져 그곳이 자기 세계인 줄 그릇 알고 밝은 세계, 찬란한 빛깔의 세계를 모르는 것과도 같다.

그러므로 중생들이 광명천지의 무한공덕 세계를 되찾아서 복스럽게 수용하고 살려면, 첫째는 그릇된 자아自我에서 벗어나 참 자기에 눈을 열어야 할 것이고, 또 하나는 그릇된 집착을 놓는 훈습이 있어야 한다. 이 그릇된 집착을 버리고 마음의 문을 활짝 열어 부처님의 청정광명과 무량복이 흘러 들어오게 하는 기술이 공양이라는 수행법이다.

二. 공양은 어떤 것인가

○

공양은 그릇된 자기의 집착을 버리며 부처님의 청정 공덕을 끌어들이는 기술이라 했는데 이것은 무슨 말일까? 자성을 잃고 그릇된 개아個我에 집착하는 중생들은 자기 눈으로 보는 육신을 자기로 삼고, 자기 마음속에 움직이는 경계를 자기 내용으로 삼는다. 그래서 자신에게 보탬이 되고 이로움이 되거나 손해가 되고 위험으로 생각하는 것을 자기 한 몸을 중심으로 생각을 일으킨다. 그래서 그러한 몸을 보존하고 그러한 생각에서 자기의 이익을 도모하는 생각들은 함께 움직여서 이로운 것은 사랑하고 애착하며, 거슬리는 것은 미워하고 대립하고 원망하며 배척하고 마침내는 적대시한다. 이렇게 중생들은 누에고치에 갇힌 누에처럼 부처님의 복된 광명천지와는 등지게 된다. 그릇된 집착, 행동으로 공덕세계와는 담을 쌓는 것이다. 여기에서 인간의 고난은 가중되고 인간 정신은 비소화하며 그의 행위는 거칠고 불안하고 추악하게 된다. 이 상태에 이른 중생들은 작고 굶주린 자기를 의식하면서 자기 일신의 안전과 충족을 위해서 무턱대고 소유욕이 발동하며 그 확대를 향해 노력을 기울인다. 어떻게든 좋은 것을 많이 먹고 자기 앞으로 끌어당겨 두자는 욕망이 일어나는 것이다. 더욱이 자기 일신을 지탱하고 윤택하게 할 조건과 재화財貨가 한정되고 넉넉하지 못하다는 견해, 예를 들면 자원고갈의 견해가 풍미하는 사태에서는 이들의 자기 보존을 위한 밖으로부터의 획득 충동이 더욱 가중된다. 또한 이럴수록 인간 미망迷妄은 더욱 가중된다.

그런데 공양은 자기중심의 집착을 버리고 주는 것이다. 자기 보존의 집착과 축적이 아닌 방하放下이다. 더욱이 공양은 부처님을 생각하며 가장 존귀한 것을 최상의 정성을 기울여 기쁜 마음으로 드리는 것이다. 그리고 부처님은 한정된 한 부처님이 아니라 처처에서 부딪치고 대할 수 있는 가족이나 벗이나 중생이라는 부처님이다. 여기서 공양이 갖는 절대적 우월성을 알게 된다.

공양은 인간을 무한공덕세계로 해방시킨다. 어둡고 자그마한 중생의 마음속에 무한청풍 만복공덕이 흘러 들게 한다. 공양한다는 것은 내가 가진 물건을 아낌없이, 오히려 정성과 기쁨으로 부처님이나 그 밖의 사람에게 내어 주는 것이니 이것은 자기 집착을 놓고 마음의 문을 여는 행위가 된다.

공양은 무한한 공덕세계에서 자기를 국집하고 자기를 내세워 스스로 자기를 한정함으로써 무한한 복덕세계를 등지게 된 범부들이 자그마한 국집을 떠나 큰 공덕세계로 뛰어 나오는 행위다. 그러므로 공양은 완전히 무심이어야 하며 무조건이어야 하며 무주상無住相이어야 최상의 공양이 된다. 무심 · 무조건 · 무주상의 공양에서 비로소 무한 공덕세계와 합치된다. 반대로 대가를 바라는 공양이나, 공양하였다는 생색을 내는 공양이나, 공양한 생각에 머물러 있는 공양은 모두가 작은 공양이며 따라서 그 공덕도 그만큼 작을 수밖에 없다.

공양은 주는 것이다. 그러나 실제로는 무한을 받는 것이다. 본래 입장에서는 주고받음이 없이, 상이 없이 움직이는 청정공덕세계의 왕성한 무심순환이지만 이것을 중생편에서 보면 주기도 하고 받기도 하는 것이다.

공양의 본질이 무한공덕장功德藏의 활동상이며 그것은 공덕의 무심순환임을 안다면 왕성히 주고받는 대공양을 교환하는 데서 번영이 있는 것이라 하겠다. 무심으로 주고 무심에서 받는 세계가 유기체의 자기 관리 상태이며 복지사회가 도달할 최후의 경계가 아닐까. 이 도리를 안다면 우리는 끊임없는 공양의 연속으로 우리와 우리 국토의 평화 번영을 이룩할 지혜를 열어가야 할 것이다.

三. 공양하는 방법

◎

경에서는 "낱낱 부처님 계신 곳마다 한량없는 보살들이 둘러 계심에 내가 보현행원의 원력으로 깊고 깊은 믿음과 분명한 지견을 일으켜 여러 가지 으뜸가는 묘한 공양구로 공양…."이라 하였다. 일체 세계 어느 곳이고 항상 계시는 부처님을 분명히 믿고 그 모든 부처님께 깊고 깊은 믿음과 정성을 기울여 최상의 공양구로 공양하라는 것이다.

부처님은 불국토에 계신다. 부처님 계신 곳이 불국토이다. 그러므로 부처님께 공양하려면 부처님을 찾아가야 한다. 부처님은 어디에 계실까? 중생이 형상에 걸린 눈으로 볼 땐 처처에서 중생과 죄악을 보지만, 상을 여읜 반야의 눈으로 볼 때는 일체 세계에 불보살이 충만하다.

고마운 이웃이 불보살이며, 스승님이 불보살이며, 부모님이 불보살이며, 형제와 가족이 불보살이다. 온 세상 온 나라 사람들 모두가 불보살인 것이다. 저들이 우리에게 은혜를 주며 저들이 우리를 보호하고 기쁨을 준다. 깊고 깊은 믿음과 분명한 지견으로 불보살은 이 국토 처처에 흩어져 있음을 보고 존경과 공양을 쉬지 않는 것, 이것이 보현행원의 공양이다.

따라서 이 공양은 내가 얼마만큼 공양했다느니, 공양한 공덕이 있다느니 할 여지가 없는 것이다. 오직 받들고 이바지하는 순수한 마음뿐이어야 한다. 『금강경』에는 무주상 보시의 복덕을 말씀하고 있다. 보시하되 보시한 상에 머물러 있지 않으면 그 공덕은 온 우주 허공을 헤아릴 수 없듯이 공덕 또한 무량하다 하였다. 그러므로 공양에는 공양하는 물건의 많고 적은 것이 전혀 문제가 안 된다. 믿음과 정성 그리고 무주상만이 참된 공양의 조건이 되는 것이다.

四. 공양구

◎

무엇을 공양할까? 경에는 우선 꽃과 음악과 산개傘蓋와 의복, 향 등을 열거하고 있다.

공양이 깊은 정성의 표현일진대 그것이 무엇이라고 한정될 수 없음은 당연하다. 상대방에게 도움이 되는 것이라면 무엇이든지 제한할 것이 없으며, 받는 편의 불이익이나 불편을 생각할 수 없다면 나의 정성을 표현할 수 있는 가장 적합한 것을 공양구로 삼을 수밖에 없다. 그러므로 공양구는 시대와 상황에 따라 변한다. 다만 불보살에 대한 공양은 나의 정성을 다하는 의미에서 최상의 공양이라는 개념을 말할 수 있으나 이것이 현실사회를 향한 공양일 때는 구체적으로 사회의 건실한 이익과 향상을 가져오는 것이어야 한다. 아무리 정성을 다하고 고귀하다고 애착되는 생각을 끊고 하는 값비싼 공양구라도 그것이 현실적으로 공양받는 이에게 결실한 성숙과 사회적 이익이 되지 않는 거라면 이 공양은 새로이 검토돼야 할 것이다.

경에는 공양구 가운데서 특별히 법공양 공덕의 뛰어남을 강조하고 있다. 공양구가 물질적인 조건을 형성하는 것이라면 그 정도로 공덕이 한정되지만 중생을 성숙시켜 깨달음을 지향해 나아가는 법공양은 법과 더불어 무한하고 영원한 것이다. 그러므로 공양은 형상 있는 물질로 행하는 것이지만 거기에 반드시 법으로 인도하는 공양이 함께 있어야 하며 나아가 물질적 공양구에 의지함이 없는 참된 법공양에 이를 수 있는 길이 닦아져야 한다.

預. 법공양

◎

재물로 하는 공양은 필경 육체적인 잠정적 이익을 가져오는 것이다. 유한인 육체를 기르는 물질적 공양에 비하면 무한인 법신을 기르는 법공양이 공양 중 으뜸이 되는 것은 말할 것도 없다. 물질적 재물공양은 공양을 받는 편에 잠시의 이로움을 줄 뿐 오히려 물질에 의존하고 있는 상태를 벗어나게 하는 길과는 먼 것이다. 법공양은 '부처님 말씀대로 수행하는 공양, 중생을 이롭게 하는 공양, 중생을 섭취하는 공양, 중생의 고를 대신 받는 공양, 선근을 부지런히 닦는 공양, 보살업을 버리지 않는 공양, 보리심을 여의지 않는 공양'을 말한다. 법공양은 이와 같이 열거하고 있지만 역시 이것으로 한정된 것이 아님은 물론이며 그 말씀 속에 포함된 뜻은 무한하다.

그 중에서도 무수한 법공양이 '보리심[7]을 여의지 않는 공양'을 펴나가는 데서 벌어진다고 할 수 있다. 보리심을 여의지 않고 청정한 자성을 뚜렷이 살려가는 것이 최상의 정진이며 보살업의 전개다. 일체 선근 공덕은 여기에서 흘러 나온다. 보리심의 활동적 전개에서 일체 중생의 고를 대신 받기도 하며 일체 중생에게 이로움을 줄 불국시설도 나오는 것이다. 보리심을 여의지 않고 청정 자성을 보양임지保養任持하는 것은 깨달음의 자태自態적 전개이며, 중생을 이롭게 하고 중생고를 대신 받는 대지혜 대자비행의 전개는 깨달음의 대태對態적 전개이다.

이와 같이 보리심을 여의지 않는 수행에서 일체 법공양은 성취되는 것임을 알 수 있다. 여기에서 자리自利적 수행과 이타적利他的 공양은 구별될 수 없으며 재물공양 · 법공양을 나눌 여지도 없다. 오직 법공양의 무한공덕광명만이 끝없이 펼쳐지는 것이다.

六. 법공양이 왜 수승한가

◎

경에서 부처님께서는 법공양 공덕이 무엇으로 비유할 수 없으리만치 수승하다고 말씀하셨다. 꽃이나 음악이나 향이나 의복이나 등燈을 아무리 많이 공양하더라도 법공양을 일념으로 닦은 공덕에 도저히 비할 수 없다는 것이다. 그 이유를 경에서는 이렇게 말씀하신다. "부처님께서는 법을 존중하시는 까닭이며, 말씀대로 행하면 많은 부처님이 출생하시는 까닭이며, 법공양을 행하면 여래께 공양하기를 성취하며, 수행이 참된 공양이 되는 까닭이라."

우리가 주목해야 할 것은 법공양을 하면 많은 부처님이 탄생한다는 사실이다. 어떠한 것이 많은 부처님이 탄생하는 것일까? 중생이 미혹의 구름을 벗어나면 바로 부처님이 탄생하시는 것이다. 중생이 깨달음의 행을 행하면 즉시에 부처님이 탄생하시는 것이다. 법공양은 중생으로 하여금 미망의 구름을 없애는 것이며, 중생을 깨달음의 행으로 인도하는 것이며, 법공양을 행하는 그 자신이 바로 깨달음을 행하는 것임을 알게 한다.

혹자는 중생이 법공양을 받아서 미망을 타파하였거나 보살도[8]를 완성하였거나 법공양을 행하여 스스로 대각을 성취하면 이것이 부처님이 출생한 것이라 말할지는 몰라도 그런 것만은 아니다. 원래 중생이 없는 것이다. 미망이 없는 것이다. 미하여 중생이 되었다고 하여 실제로 불佛이 변한 것은 아니다. 원래 불은 원만하며 불변하며 영원하며 자재하며 털끝만큼의 결함도 없는 것이다. 미망이나 중생이라는 것은 한낱 착각일 뿐이다. 그러므로 분명한 중생이라도 법공양을 행하면 법공양을 행하는 그것이 바로 여래 탄생인 것이다. 법공양에서 여래 탄생, 즉 깨달음의 발현을 보지 아니하고 중생과 중생적 형태만을 본다면 이것은 행원의 법공양을 바로 본 것이라 할 수 없는 것이다.

七. 법공양은 전법으로

◎

법공양은 필경 청정 자성을 임지보양任持保養하는 것이며 청정 자성 공덕을 발현해 일체 중생의 미망을 타파하고 각심覺心을 드러내고 발휘하는 것이니 이러한 법공양을 행하는 데는 불가불 여러 방편이 없을 수 없다.

그 중에도 법을 전해 중생의 생각을 바르게 하고 어리석음을 깨우쳐 주며 바른 수행을 하게 하는 전법은 법공양의 근본이라 할 것이다. 전법은 중생미망심에 직접 작용해 그 어리석음을 깨뜨린다. 그럼으로써 많은 부처님을 탄생케 하는 것이니 부처님이 계시는 곳이 불국토가 아닐 수 없다.

불법의 목표가 중생 성숙과 불국토 실현에 있을진대 우리는 법을 전해 법공양을 최대로 실천해 나갈 것을 기약해야 한다.

八. 법공양과 재공양의 이동異同

○

중생을 섭수하고 중생의 고를 대신 받으며 중생을 이롭게 하는 등 법공양행은 재공양과 어떻게 다를까?

중생을 이롭게 하는 데도 여러 가지가 있다. 배고픈 사람에게 음식을 공급하거나, 헐벗은 사람에게 옷을 주는 것은 분명히 중생을 이롭게 하는 것이다. 옷을 주고, 음식을 준 것이라면 이것이 재물공양인지 중생을 이롭게 하는 법공양인지 생각할 필요가 있다. 대개 재물공양은 육신을 위한 것이요, 법공양은 법신을 위한 것이라 하였다.

중생을 이롭게 하기 위해 물건을 베풀었다 하더라도 육체에 도움이 된 것은 재물공양이다. 공양을 받은 중생이 육체적 이익을 받음에 그치지 않고 마음을 열고 믿음을 내며 보리심을 가꾸는 일이 있어야 이것이 법공양이다. 그런 까닭에 법공양에 재물을 소재로 할 때도 있고 그렇지 않을 때도 있다. 중생을 깨닫게 하거나 중생의 바른 행을 돕기 위해 물자를 썼을 때도 이것이 법공양이요, 물자를 쓰지 않고 말이나 힘으로 도운 것도 법공양이다.

경에 말씀하신 바 '중생을 이익하게 하는 행위'란 반드시 육체적 이익을 위한다는 뜻은 아니다. 만약 육체적 이익을 위한 것이라면 필요한 물건을 공급하는 것 외에 향락을 위한 공급이나, 또는 정신적 타락에 이바지되는 공급까지도 중생이 필요하다고 하여 공급한 것이 법공양이 된다는 말도 된다. 중생을 이익되게 한다는 것은 자성을 밝히고 청정행을 하도록 돕고 그러한 일에 간접적으로 도움이 되는 일이어야 한다. 재공양에 있어서도 본인을 해치는 물자공급이 공양이 될 수는 없는 것과 같이….

九. 어떻게 공양하는가

공양은 누구에게 하는 것일까? 경에 나타난 말씀으로는 모든 불보살님께 공양하라고 하셨다. 그 불보살님은 어디 계실까? 일체 세계 극미진 같은 극히 작은 세계 구석구석에 계시다고 말씀하셨다. 이 부처님을 눈앞에 대하듯 분명히 믿고 다시 그러한 분명한 지견으로 공양하라 하셨다. 이러한 부처님은 누구일까? 눈앞에는 중생들이 우글대고 있는데 환상 같은 허공세계에 불보살이 계시다는 말인가?

부처님을 특별한 세계에 갇혀 계신다고 생각하거나 환상 속에 계시는 것처럼 마음에 그려 놓고 그런 부처님만 생각하는 것은 잘못이다. 그러한 소견은 현전지견現前知見이 아니다. 명료하게 청정 본심이 드러난 지견이 아니다. 불보살님의 끝없는 광명 속에 싸여 불국토에서 불보살을 눈앞에 대하듯이 믿고 사는 보살의 현전지견이 아니다.

이미 여러 차례 말한 바와 같이 불보살은 바로 우리 눈앞에 계시고, 집안에 계시며, 거리에 계시며, 무한세계에 계신다. 우리의 가족이 바로 그것이며, 형제와 이웃과 동료들과 온 겨레가 그것이다. 경의 말씀과 같이 극히 가는 티끌마다 부처님이 계시다 하신 뜻은 이렇게 믿어야 한다.

행원의 공양은 이와 같이 부처님을 향한 공양이며, 보살을 향한 공양이며, 부모를 향한 공양이며, 형제를 향한 공양이며, 겨레와 중생을 향한 공양이다. 우리는 이 모든 부처님께 정성 다해 공양하자. 꽃으로 공양하고, 음악으로 공양하고, 의복으로 공양하고, 향과 등으로 공양하며, 온갖 공양구로 끝없이 공양하자. 아름다운 마음, 평화로운 마음, 자비로운 마음, 부드러운 마음, 평등한 마음, 밝은 마음 이것이 바로 공양구다. 이것이 형상적 · 물질적인 것으로 나타날 때 재물공양이라고 한다.

十. 법공양의 근본 성격

그러나 부처님께서는 다시 법공양을 강조하신다. 재물공양은 그만큼 복덕이 무량하지만 법공양은 법과 더불어 그 공덕이 무량한 것이다.

경에는 "보살들이 법공양을 행하면 곧 여래께 공양하기를 성취하나니 이러한 수행이 참된 공양이 되는 까닭이다."고 하셨다.

법공양은 이미 본 바와 같이 보살이 스스로 보리행을 닦는 것이며 또한 중생을 이롭게 하고 돕는 행위다. 부처님이나 성현을 향한 헌공이나 이바지가 아니고 자기 자신이 스스로 청정한 깨달음의 마음을 여의지 않는 것이며 중생을 향한 베풂인 것이다. 중생을 이롭게 하는 것이

어떻게 부처님께 공양하는 것이 되는 것일까 생각할 필요가 있다. 그것은 두 가지 측면에서 살필 수 있다.

첫째는 중생을 이롭게 하고 돕는 행위자의 입장이다. 수행자가 중생을 보살피고 중생을 이익되게 하는 것은 자신에게 있는 중생을 대립적 타인으로 보지 않고 자신을 저 중생까지 확대시키는 것이며, 그의 이익을 도모하는 것만큼 자신의 내면을 확충시키는 것이다. 그렇기 때문에 중생을 공양하는 것만큼 보살 자신이 성장하는 것이다. 보리가 성숙한다는 말은 곧 깨달음의 성품이 원만한 것이고 이것이 법신공양이니 그 공덕을 어찌 말로 다할까?

둘째는 부처님의 입장이다. 부처님은 어떤 한정된 육체이거나 어느 국토에 머물러 있는 허공이나 바람도 아니다. 부처님은 근원적 진리이시며 근원적 생명이시며 근원적 원만성과 선善의 의지이시다. 그런 까닭에 부처님 밖에 한 중생도 없다. 부처님에게 있어서는 중생이 곧 자신이다. 부처님에게서 중생을 따로 나누어 볼 수 없다. 그런 까닭에 '보현행원품 수순중생장'에서 말씀하시기를 '부처님은 나무, 중생은 뿌리, 보살은 꽃과 과실'에 비유하셨다. 나무뿌리에 물을 주어야 그 나무에 꽃과 과실이 무성하듯이 중생을 이롭게 하고 중생을 성숙시킬 때 부처님이 환희하시는 것이다.

부처님에게는 중생이 따로 없다. 그런데도 중생들이 미혹해 스스로를 불법과는 다른 생각을 가지고 중생세계를 그리고 있기 때문에 부처님의 자비심은 그들에게 향한다. 저들 중생이 마음을 돌이켜 자신의 본래 몸인 불법을 깨닫게 하는 것이 부처님의 비원悲願이 될 수밖에 없다. 마치 부모를 등지고 나간 철모르는 자식을 기다리는 부모의 심정을 부처님과 중생의 사이에서 보는 것이며, 『법화경』 「비유품」에서 우리는 이것을 읽을 수 있다.

여기서 우리는 법공양의 의의를 알 수 있다. 중생을 이롭게 하고 중생을 섭수하고 중생의 고를 대신 받고 선근을 부지런히 닦으며, 내지 보리심을 여의지 않는 법공양이 참으로 부처님의 가슴속을 시원스럽게 해드리는 공양임을 알게 된다. 법공양을 행하면 이것이 참으로 부처님께 공양함을 성취하는 것이며 이것이 참 공양이라는 뜻도 알게 된다.

공양은 복의 문을 여는 것이다. 부처님의 무량 공덕이 강한 압력으로 밀려 들어온다. 공양하는 방식은 곧 마음의 문을 여는 방식이다. 크게 열고 조건 없이 열 때 무조건 큰 복이 내 가슴에 차오는 것이다. 법공양은 보리의 싹을 키운다. 마음의 광명을 키우고, 마음의 벽을 밀어내고, 온 중생 온 세계를 자기 품안으로 끌어 당긴다.

법공양은 부처님 공양이다. 스스로 닦는 법공양, 중생을 위한 법공양에서 제불이 환희하신다. 불국토가 장엄되고 일체 여래의 공양이 성취된다.

이러한 공양은 이것이 행동이다. 처처에서 부처님을 공양하며, 모든 일로 부처님을 섬기는 일이 된다. '종교생활을 한다' 하면서 공양을 모르고 법공양을 행하지 않는다면 그것은 허울만의 종교다.

공양을 행함으로써 발 아래 복의 꽃밭이 열리고 지혜의 태양이 빛난다. 부처님의 은혜로운 위신력이 그의 심신에 넘쳐나며 불국토가 열리는 것이다. 공양을 행하자. 일체처 일체사에서 부처님을 보면서 정성 다해 공양을 행하도록 하자. 이것이 우리의 본원 생명의 힘을 무한 창조의 평원으로 펼쳐내는 최상의 기술이다.

1

화운(華雲) : 한량없이 많은 꽃을 꽃구름이라 표현한 것.

2

만운(鬘雲) : 꽃을 줄에 꿰어 타래로 만들어 이것을 머리에 얹게 한 것이니 '꽃타래'라 할 수 있다. 한량없이 많다는 뜻으로 구름운을 넣은 것.

3

법공양(法供養) : 교법으로서 여래에게 공양하는 것이므로 법공양이라 하는데 보살행을 닦아서 대법을 수호하고 중생을 이익하게 하는 것이니 경 중에 자세히 보인다.

4

나유타(那由陀) : 범어의 나유타(nayuta)로 아주 많은 수를 뜻한다. 1나유타는 1천억이다.

5

가라분(迦羅分) : 범어의 카라(kalā). 견절(堅折), 계분(計分), 교량분(校量分)이라고 번역한다. 가라(歌羅 · 伽羅)라고도 적는다. 시간의 짧은 단위, 또는 극히 적은 수량의 이름이기도 한데, 시간일 때는 1,600찰나 또는 일주야의 1800분의 1을 말하고, 수량을 말할 때에는 터럭 하나를 100분(혹은 16)한 일푼을 말한다. 여기서는 후자의 의미로 쓰고 있다.

6

우파니사타분(優波尼沙陀分) : 범어의 우파니샤담(Upaniṣadam). 가장 적은 극미소(極微小)의 분수(分數)다.

7

보리심(菩提心) : 범어의 보디칫타(Bodhi-citta). 갖춘 말로는 아뇩다라삼먁삼보리심이라 하는데, 무상정진도의(無上正眞道意)라 번역되며 무상보리심, 무상도심, 무상도의, 줄여서 도의(道意) · 도심(道心) · 도념(道念) · 각의(覺意)라고도 한다. 불과(佛果)에 이르고 깨침을 얻고자 하는 마음을 말하는 것이다. 사람은 이 마음을 일으켜 많은 수행을 닦아 불과를 이루는 것이므로 보살은 반드시 보리심을 발해야 한다. 보리심을 발하는 것을 발보리심 · 발심 · 발의(發意)라 한다. 일반적으로 보리심의 본체는 중생이 본래부터 갖추고 있는 청정심이라 하고, 가지가지 인연에 따라 발하지만 대별하여 구체적 일에 의해 발하는 수사발심(隨事發心)과 보편적 진리에 의해 발하는 순리발심(順理發心)이 있으며 또한 보리심의 내용은 사홍서원(四弘誓願)이라고 하는 것이 일반적이다.

'대승의장(大乘義章)'에는 발심을 삼종으로 나누고 있는데 ① 생사와 열반의 상을 보고 생사를 싫어하고 열반을 구하는 것을 상발심(相發心) ② 생사의 근본이 열반과 다르지 않은 것을 알고 차별적인 상을 여읜 평등심이 비로소 나타나는 것을 식상발심(息相發心) ③

보리의 본성은 자심이고 보리 즉 마음[菩提卽心], 마음 즉 보리인 것을 알아 자기의 본심에 돌아가는 것을 진발심(眞發心)이라 하고 있으며, 『대승기신론』에는 신성취발심(信成就發心) · 해행발심(解行發心) · 증발심(證發心)의 삼종발심을 말하고 또한 신성취발심에서 직심(直心) · 심심(深心) · 대비심을 발하는 것을 삼종발심이라 한다.

보살도(菩薩道) : 불과(佛果)를 구하는 보살이 닦는 길인데 육바라밀과 같이 자리와 이타가 구족한 행을 말한다.

五 참회분

懺悔分

선남자여, 또한 업장[1]을 참회한다는 것은 보살이 스스로 생각하기를 "내가 과거 한량없는 겁을 내려오면서 탐내는 마음과 성내는 마음과 어리석은 마음으로 말미암아 몸과 말과 뜻으로 지은 악한 업이 한량없고 가없어 만약 이 악업이 형체가 있는 것이라면 끝없는 허공으로도 용납할 수 없으리니 내 이제 청정한 삼업[2]으로 널리 법계 극미진수 세계 일체 불보살전에 두루 지성으로 참회하되 다시는 악한 업을 짓지 아니하고 항상 청정한 계행의 일체 공덕에 머물러 있으오리다." 하는 것이니라.

이와 같이 하여 허공계가 다하고 중생계가 다하고 중생의 업[3]이 다하고 중생의 번뇌가 다하면 나의 참회도 다하려니와 허공계와 내지 중생의 번뇌가 다함이 없으므로 나의 참회도 다함이 없어 생각생각 상속하여 끊임이 없되 몸과 말과 뜻으로 짓는 일에 지치거나 싫어하는 생각이 없느니라.

復次 善男子야 言 懺悔業障者는 菩薩이 自念호대 我於過去無始劫中에 由貪瞋癡하야 發身口意하야 作諸惡業이 無量無邊하니 若此惡業이 有體相者인댄 盡虛空界라도 不能容受하리니 我今에 悉以淸淨三業하야 遍於法界極微塵剎 一切諸佛菩薩衆前에 誠心懺悔호대 後不復造하고 恒住淨戒一切功德호리라하여 如是하야 虛空界盡하며 衆生界盡하며 衆生業盡하며 衆生煩惱盡하면 我懺도 乃盡이어니와 而虛空界와 乃至衆生煩惱 不可盡故로 我此懺悔도 無有窮盡하야 念念相續하고 無有間斷하야 身語意

業에 無有疲厭이니라

강의

一. 업장이라는 것

◎

앞의 주注에서 말한 바와 같이 업은 행위를 의미하는 것이다. 행위라면 행위를 하는 본체의 작용이니 행위의 본체가 참 진리에 근거한 것이라면 그 행위는 마땅히 영화로울 수밖에 없다. 그런데도 오늘날 업이라 하면 기피해야 하는 것이고 소멸해야 되며, 내지 업보니 업장이라 하여 우리의 생활을 가로막고 생명의 발전에 어두운 그림자로 여겨지는 이유는 무엇일까?

그것은 업이라는 인간 행위가 참된 인간 본성, 즉 본원 진리에서 벗어난 착각된 자아를 본체로 하는 행위이기 때문이다. 그렇기 때문에 우리가 본 자성을 잊고 자성을 어긴 행위는 그 모두가 업으로서 인간 본분과 어긋난다.

인간 본분이 원래 무한하고 원래 일체와 더불어 조화되고 무한한 창조와 환희가 원래 거기에 있는 것인데 이러한 인간본성을 어기고 착각을 일으켜 그릇된 자아를 설정하는 데서 문제의 발단은 있는 것이다. 본연 청정한 자성을 어긴 데서 나온 행위는 모두 업이다. 이 업에서 나오는 것은 유한이며 변멸이며 대립이며 부조화며 불행과 불안을 우리에게 안겨 준다.

그러므로 업의 본질을 형성하는 행위 자체는 실로 허물될 것이 없으며 그 행위의 뿌리의 뿌리를 살펴보면 청정 자성의 반영임을 알 수 있다. 그러므로 업을 기피하고 두려워해 행위를 멈추거나 활동을 회피하는 것은 진리에 어긋나는 것이며 업에서 벗어나는, 도리가 아니다. 활동이나 행위에 허물이 있는 것이 아니라 착각된 자아를 본체로 삼고 있는 그릇된 지견이 허물이다. 그러므로 지견을 바르게 가지고 왕성한 행동으로 바른 지견을 나타내는 것이 업을 정화하는 것이며 해탈을 성취하는 것임을 알 수 있다.

그러므로 청정 자성을 미혹해 망령된 마음으로 망령된 자기를 세우고 망령된 지견을 일으키는 생각이나 행동은 이것이 업이 되어 인간을 구속하고 어리석게 만들어 고난과 불행을 가져온다. 먼지는 파헤칠수록 크게 일어나고 먹물은 풀수록 더욱 짙어지는 것처럼 중생들의 왕성한 행동은 어차피 왕성하게 업의 굴레를 장만하는 것으로 귀착된다.

『지장경』에 이르기를 "중생이 자욱자욱 죄를 짓는다."라고 한 것도 이것을 말하는 것이다. 업장이라는 것이 우리의 본분을 구속하고 우리의 활달하고 넉넉한 복을 제한하는 것이므로 업은 바로 죄와 상통하는 것이니 업이 소멸될 때 죄가 소멸되고 죄가 소멸될 때 복이 생기는 것이다.

二. 죄란 무엇인가

◎

망령된 자아를 집착하면 인간이 본래 갖추고 있는 덕성이 올바로 발휘되지 못해 자비심도 지혜도 어두워지고 가리워져서 비뚤어지게 나타난다. 자성이 병든 그릇된 상태에서 나오는 중생심이 이른바 삼독三毒이니 탐심貪心·진심瞋心·치심癡心이다. 이 삼독심이 마음의 주인이 되어 그의 생각과 말과 행동으로 튀어 나온다. 이래서 삼업이 형성되는 것이다.

자성을 잃은 삼독심의 파동으로 나타나는 행동은 그 모두가 죄행이다. 몸으로 범하고 말로 범하고 생각으로 범한다. 무한한 지혜와 자비가 가득하고 일체 법 · 일체 중생 · 일체 진리가 자기와 더불어 동일한 진리임을 어기는 행들이 나오는 것이니 그 모두는 바로 죄다. 몸으로 범하는 죄로는 대표적인 것이 살생殺生 · 투도偸盜 · 사음邪婬이고, 입으로 범하는 죄의 대표적인 것은 기어綺語 · 망어妄語 · 양설兩舌 · 악구惡口이며, 뜻으로 범하는 죄의 대표적인 것은 탐심 · 진심 · 치심이니 이래서 신 · 구 · 의 삼업에서 십악[4]을 짓게 된다.

도대체 죄란 무엇일까? 그것은 자성 진리를 어긴 상태다. 원만 청정한 자성을 외면한 상태다. 바꾸어 말하면 밝음을 등지고 어둠을 붙잡고 있는 상태이며 참으로 큰 자기 본신本身을 잊고 허망한 그림자의 한 부분을 집착하고 있는 상태다. 이와 같이 죄는 자성을 외면하고 진리를 등진 상태이므로 그 죄를 소멸시키는 방법은 바로 자성으로 돌아오고 진리 앞에 돌아서는 것이다. 죄는 어둠이요, 자성 진리는 태양 같은 밝음이다. 태양 앞에 어둠을 드러내고 어두운 곳에 밝은 빛을 비추는 것이 어둠을 없애는 방법이듯 역시 죄도 자성 진리 앞에 순순히 그 모두를 드러내는 데서 소멸된다. 만약 자기의 허물을 스스로 붙들고 어두운 상태를 고집하며 진리 앞에 돌아서 뉘우칠 줄 모른다면 죄는 피할 수 없고 죄의 대가도 피할 수 없다.

三. 참회는 무엇인가

○

어둠에 밝은 빛을 비추면 어둠이 사라지듯이 아무리 무거운 죄도 참회하면 소멸된다. 만약 죄업을 소멸시키지 아니하면 언제나 가슴속에 어둠을 안고 있는 사람처럼 그의 마음은 어리석고 불안하고 고통스러우며, 그의 몸과 그의 생활환경에는 부조화와 불행과 액난이 몰아온다.

죄의 대가는 무지며 불행이며 죽음이다. 그러므로 중생은 모름지기 참회하여 죄를 소멸시키고 가슴속 가득 진리 광명과 은혜로운 복덕을 담아야 한다.

죄는 자기가 아는 것도 있고 모르는 것도 있다. 또 죄인 줄 모르고 범한 것도 있으며 알고 범한 것도 있다. 기억에 있는 것, 기억에 없는 것, 금생의 죄, 머나먼 과거생에 지은 죄 등등 가지가지이다. 만약 자기 생각에서 기억에 있는 것만을 헤아려 허물로 인정하고 그 밖에 많은 죄가 있는 것을 참회할 줄 모른다면 그 역시 눈을 가리고 밝음이 오기를 기다리는 자이다.

참회하는 방법에는 고래로 두 가지 방법이 있다. 사참事懺과 이참理懺이다.

사참이란 자기가 지은 허물 하나하나를 드러내어 자기의 잘못을 뉘우치고 다시는 범하지 않을 것을 다짐하는 것이고, 이참은 죄를 지은 자와 죄의 근본을 비추어 보아 죄의 죄상이 끊겼고, 죄를 진 업이 공한 것을 알아서 자성이 청정한 것을 요달해 한 점의 허물도 보지 않는 것이다.

보현행원의 참회는 어떠한가? 경에서는 이렇게 말씀하고 있다.

첫째는, 무량한 과거세부터 오늘날에 이르는 동안에 한량없는 죄를 지은 것을 진정으로 깨끗이 인정한다. 터럭끝만큼이라도 덮어 두거나 회피하거나 변명하거나 숨기지 않는다. 끝없는 허공으로도 용납할 수 없는 죄를 지었다고 가슴 깊이 지은 죄를 인정하는 것이다.

둘째, 일체 불보살님 전에 지성으로 참회한다. 불보살님은 처처에 계신다. 미진수 세계에 항상 계신다. 법당에서만 참회하면 스님이나 스승님 앞에서 참회한 것에 그치는 것이다. 어느 곳에서나 부처님 앞에 있는 것을 생각하고 경건하고 지성을 기울여 참회한다. 그리고 그 참회는 청정해야 한다. 허물을 지으면서 행하는 참회란 있을 수 없다. 그것은 참회가 아니다. 청정한 삼업三業으로 일체 허물을 멀리 여의고 일체 망견에서 벗어나 진실한 청정 자성 그대로를 신 · 구 · 의 삼업에 확충시키고 이 청정한 행과 말과 마음을 가지고 지성 참회하는 것이다. 이 참회에서 과거세에 지은 모든 죄가 즉시에 소멸되는 것이다.

셋째는, 다시는 악업을 짓지 아니하고 영원토록 청정 공덕을 행할 것을 맹세하며 실천하는 것이다. 이 청정 공덕의 실천이 죄의 뿌리를 근본적으로 소탕하고, 과거 · 현재 · 미래로 무궁한 여래 공덕을 충만시키는 결정적인 관건이 된다. 만약 아무리 자기의 허물을 참회하며 뼈를 깎고 피눈물 흘리며 참회하였더라도 스스로 청정한 삼업이 아니면 참회와 함께 새로운 죄를 짓는 것이 되어, 설사 지성으로 참회하고 청정한 삼업으로 불보살전에 참회하였다 하더라도 청정 공덕으로 생활하지 아니하면 참회가 이루어질 수 없는 것이다. 육조 혜능 조사는 "과거에 지은 죄를 참회하고 미래의 죄도 참회해야 한다."고 하셨으니 깊이 명념할 일이다.

四. 참회한 자의 마음

◎

앞서 말한 바와 같이 햇빛 앞에 사라지지 않는 어둠이 없듯이 참회해서 없어지지 않는 죄업은 없다. 참회하면 즉시에 청정이 회복된다. 만약 어떤 경건한 보살이 있어 스스로 생각하기를, '이 정도의 참회로써 내가 지은 중죄가 다 소멸될 수는 없다' 하고 스스로 아직도 마음속에 죄가 남아 있다고 생각한다면 이것은 미혹이요, 그 미혹과 함께 죄는 뿌리를 내리게 된다.

진실한 참회 앞에 허물어지지 않는 죄는 결코 없다. 참회하였으면 마땅히 일체 죄업이 소멸된 것을 깊이 믿고 스스로 청정 광명심을 가득히 지켜가야 할 것이다. 청정 광명행을 끊임없이 행해야 할 것이다.

원래 불행을 몰고 오는 원형은 삼독심을 근간으로 하는 죄업에 있지만 또한 자기 처벌의식이 그 중에 중요한 부분을 차지하고 있는 것을 알아야 한다. 경건하고 성실한 신앙인 가운데서 볼 수 있는 일이지만 '나는 죄가 많다. 고통을 받아도 당연하다' 하며 스스로 죄와 죄의 대가를 마음속에 붙들고 있다면 그런 미혹된 생각 밑에 반드시 불행과 고난은 졸졸 따라붙는 것이다.

반야안般若眼으로 볼 때 실로 있는 것은 광명과 청정과 원만한 공덕뿐이다. 우리는 끊임없이 참회하여 자신의 마음을 맑히고 행을 바르게 하며 우리의 생명에는 불보살의 공덕이 태양처럼 빛나고 있는 것을 믿어야 할 것이다. 그리고 자성 공덕의 원만함을 깊이 긍정하고 감사와 환희로 용감히 광명행을 전개해야 할 것이다.

預. 최상의 자기 정화법

○

한번 지어먹은 마음이 흔들릴 때도 있고, 마음 깊이 맹세한 다짐을 잊을 때도 있는 것이 범부이다. 우리가 스스로 자성 공덕을 어겨 마음속이 어둡고 거칠어지는 이런 때는 끊임없이 불보살님 앞에 참회하여 끊임없는 청정 자성의 공덕수가 우리 생명, 우리 가슴에 넘쳐나도록 힘써야 한다. 그러므로 실제에 있어서 참회는 한번에 끝날 수가 없다. 끊임없이 반성하며 자기 마음에 움직이고 있는 허물을 살피고 행과 말로 범하고 있는 진리에 어긋난 모든 행을 철저히 뉘우쳐서 참회해야 한다.

앞서 인간 불행은 죄업에서 온다고 말했다. 우리 생활 주변에 불행이 오고 고난이 닥쳐오면 스스로 마음을 돌이켜 그 원인이 자기 자신에 있는 것을 착안해야 할 것이다. 그리하여 끊임없는 수행으로 얻어진 밝은 지혜로 자신을 비추어서 자신의 마음속 깊숙이 도사리고 있는 나쁜 생각이나 무의식중에 행하고 있는 나쁜 행이나 소극적 · 부정적·비판적 요소들을 모조리 드러내어 진리 광명이신 불보살님 앞에 폭로시켜야 한다.

이와 같이 지혜롭고 경건하고 용감하게 참회하는 데서 자신의 생명에는 일체 죄업이 소탕되고 여래의 청정 공덕이 넘쳐나는 것이다. 만약 성실하고 지혜롭고 절실하게 참회를 행하지 않는다면 마음에 도사린 죄업은 무너지지 않는다. 모름지기 참회는 진실해야 한다. 그리고 자신의 본성이 여래와 더불어 하나인 진여법성임을 깨달아 항상 청정 광명이 넘치도록 해야 할 것이다.

1

업장(業障) : 악한 업으로 인해 생긴 장애를 말한다.

2

삼업(三業) : 세 가지 업이다. 업이란 범어의 카르만(karman)의 번역인데 '짓는다'는 뜻으로서 행위 · 조작 · 의지에 의한 신심(身心)의 활동, 의지에 의한 신심의 생활을 의미한다. 셋이라 함은 몸[身]·말[語]·뜻[意]을 가리킨다. 어떠한 일을 하자고 생각한 것은 의업(意業)이고, 그 의지를 신체적 행동과 언어적 표현으로 나타낸 것을 신업(身業)과 어업(語業, 또는 口業)이라 한다.

3

업(業) : 행위·소작(所作)·의지에 의한 신심의 활동 의지에 의한, 신심의 생활을 의미한다. 일반적으로 신(身)·구(口)·의(意) 삼업으로 나뉜다. 어떠한 일을 하려고 생각한 것은 의업(意業)이고 그 의지를 신체적 동작이나 언어적 표현으로 밖으로 나타낸 것이 신업

(身業)과 어업(語業)이다. 업을 의지의 활동인 사업(思業)과 사업 다음에 나타내는 사이업(思已業)의 2종으로 나눌 때 사업(思業)은 의업이고 사이업은 신(身)·어(語)의 이업(已業)이다. 선이고 악이고 간에 업을 지으면 그에 상응하는 고(苦)나 낙(樂)의 과보를 받는다. 이것을 업인(業因)에 의해 업과(業果)가 생긴다고 한다. 비선(非善)·비악(非惡)인 무기업(無記業)에는 업과가 나지 않는다.

업은 몇 가지로 분류된다. 총체적으로 일생의 과보를 가져오는 업, 즉 인간계나 축생계에 태어나게 하는 강한 힘이 있는 업을 인업(引業·牽引業)이라 하고, 인간계에 태어난 데 대해 낱낱의 구별을 주어서 개체를 완성하는 업을 만업(滿業·圓滿業) 또는 별보업(別報業)이라 하고, 이 인업(引業)의 과보를 총보(總報)라 하고, 만업(滿業)의 과보를 별보(別報)라 하며, 이 2업을 총별 2업이라 한다. 또한 업에는 산하 대지[器世間]와 같이 많은 생물에 공통하는 과보를 가져 오는 공업(共業)과 낱낱 생류의 신체와 같이 낱낱 생류의 고유한 과보를 불공업(不共業)이라 한다. 다시 업에 의해 과보를 받는 시기에 대해 순현업(順現業)·순생업(順生業)·순후업(順後業)의 삼시업(三時業)이 있다.

이생에서 지은 업을 이생에서 받는 것이 순현업이고, 내생에서 받는 것은 순생업, 그 다음 삼생 이후에 받는 것을 순후업이라 한다. 이 삼시업은 과보를 받을 시기가 정해 있으므로 정업(定業)이라 하고, 이에 대해 시기가 정해 있지 않은 것을 부정업이라 하는데, 삼시업에 이 부정업을 더해 사업(四業)이라 한다.

4

십악(十惡) : 악한 것 열 가지. 십선(十善)에 대한 말이다. 몸으로 짓는 살생(殺生)·투도(偸盜)·사음(邪婬)의 셋과, 말로 짓는 망어(妄語)·양설(兩舌)·악구(惡口)·기어(綺語)의 넷과, 뜻으로 짓는 탐욕(貪欲)·진에(瞋恚)·사견(邪見)의 셋이다.

六 수희분

隨喜分

선남자여, 또한 남이 짓는 공덕을 함께 기뻐한다는 것은 진법계, 허공계, 시방삼세 일체불찰 극미진수 모든 부처님께서 처음 발심하실 때로부터 일체지[1]를 위해 부지런히 복덕을 닦되, 몸과 목숨을 돌보지 않기를 불가설 불가설 불찰 극미진수겁을 지내고, 낱낱 겁마다 불가설 불가설 불찰 극미진수의 두목과 수족을 버리고 이와 같은 일체 난행 고행으로 가지가지 바라밀문[2]을 원만히 하며, 가지가지 보살지지[3]를 증득해 들어가며, 모든 부처님의 위없는 보리를 성취하며 내지 열반에 드신 뒤에 사리[4]를 분포하실 때까지의 모든 선근[5]을 내가 다 함께 기뻐하며, 저 시방 일체 세계의 육취[6], 사생, 일체 종류 중생들의 짓는 공덕을 내지 한 티끌만한 것이라도 모두 함께 기뻐하며, 시방삼세의 일체 성문과 벽지불[7]인 유학[8] · 무학[9]들이 지은 모든 공덕을 내가 함께 기뻐하며, 일체 보살들이 한량없는 난행 고행을 닦아서 무상정등보리를 구하는 넓고 큰 공덕을 내가 모두 기뻐하는 것이니라. 이와 같이 하여 허공계가 다하고 중생계가 다하고 중생의 업이 다하고 중생의 번뇌가 다해도 나의 함께 기뻐함은 다함이 없어 생각생각 상속하여 끊임이 없되 몸과 말과 뜻으로 짓는 일에 지치거나 싫어하는 생각이 없느니라.

復次 善男子야 言 隨喜功德者는 所有 盡法界虛空界 十方三世一切佛刹 極微塵數 諸佛如來 從初發心으로 爲一切智하야 勤修福聚호대 不惜身命을 經 不可說不可說 佛刹極微塵數劫하며 一一劫中에 捨 不可說不可說 佛刹極微塵數 頭目手足하야 如是一切難行苦行으로 圓滿種種波

羅蜜門하며 證入種種 菩薩智地하며 成就諸佛無上菩提와 及般涅槃하야 分布舍利하시는 所有善根을 我皆隨喜하며 及彼十方一切世界 六趣四生 一切種類의 所有功德을 乃至一塵이라고 我皆隨喜하며 十方三世一切聲聞과 及辟支佛과 有學 無學의 所有功德을 我皆隨喜하며 一切菩薩의 所修無量難行苦行으로 志求 無上正等菩提한 廣大功德을 我皆隨喜호대 如是 虛空界盡하며 衆生界盡하며 衆生業盡하며 衆生煩惱盡하야도 我此隨喜는 無有窮盡하야 念念相續하고 無有間斷하야 身語意業에 無有疲厭이니라

강의

一. 함께 기뻐하는 것이 의미하는 것

◎

다른 사람이 짓는 공덕을 함께 기뻐한다는 것은 무엇을 의미하는 것일까? 다른 사람을 자기와 대립하는 존재로 안다면 다른 사람이 착한 일을 했더라도 자기가 기뻐할 이유는 없다. 도리어 다른 사람이 착한 사람이 되어 덕성이 높아질 때 부족한 자신은 상대적 왜소감에 빠지게 되고, 다만 다른 사람이 하는 행위가 자기에게 도움을 줄 수 있을 때 그

행위를 기뻐할 수 있을지 모른다.

그렇기 때문에 다른 사람이 짓는 공덕을 함께 기뻐할 수 있는 것은 그 입각처가 다른 데 있는 것이다. 다른 사람을 다른 사람으로 보지 않는 것이다. 자기와 이해를 함께 하고, 기쁨을 함께 하고, 성장을 함께 하는 동일생명이라는 깊은 신앙에서 비로소 다른 사람의 공덕을 함께 기뻐할 수 있다. 사람과 사람이 서로 대립하고 있을 때는 다른 사람이 설사 착한 일을 하고 잘 되었을 때, 자기와 대립하는 존재가 자기보다 우위에 있게 되는 것이므로 거기서는 불가불 불안과 시기심이 싹트는 것이 일반적이다. 함께 기뻐한다는 것은 사람을 대립하는 존재로 보지 아니하고 적어도 뜻을 같이하고 행을 같이하며 원願을 같이하는 사이이며, 보다 근원적으로는 같은 생명의 나눔이라는 사실에 근거한다 할 것이다.

원래 일체 중생은 수행을 위한 과제를 안고 이 세간에 태어난 것이므로 사람들이 착한 공덕을 지을 때 그러한 수행의 성과를 자타가 함께 거둔다는 점에 착안해야 한다. 그러므로 반드시 함께 기뻐해야 마땅하다. 또 덕스러운 행이 많아지고 덕있는 사람이 많아질수록 우리의 환경과 국토가 밝아지고 맑아지므로 또한 기뻐하지 아니할 수 없다. 나아가 한 사람 한 사람이 수행을 성취해 보리도를 성숙시킨다는 사실을 온 우주와 중생들을 위해 함께 기뻐하지 않을 수 없다.

그러나 보현행원의 함께 기뻐함은 그런 데서 오는 것이 아니다. 동일생명관에서부터 출발한다. 그러므로 다른 사람이 착한 행을 하면 그것이 바로 자기의 기쁨이며 다른 사람이 깨달음을 성취하면 그것이 곧 자신의 기쁨이다. 타인을 다른 사람으로 보지 않으며 다른 사람의 행을 타인의 행으로 보지 않는다. 이러한 큰 생명관에서 보살의 기쁨도 있으며, 보살의 슬픔도 있으며, 보살의 자비도 있으며, 보살의 원도 있는 것이다.

이러한 보살의 눈으로 성인과 범부를 보지만 차별하지 않는다. 친하고 먼 사이가 있지만 그 사이에 거리가 없다. 어리석거나 지혜로운 사람이 있지만 그 사이가 평등하다. 내지 일체 중생의 사는 형태와 생활하는 양상과 행하는 차별에 상관하지 않고 그 모두의 선악 고락을 자기 것으로 안다. 그 가운데 티끌만한 공덕을 짓는 일이 있더라도 자신의 기쁨으로 삼고 함께 기뻐한다. 그러하기에 부처님과 보살들과 그밖에 많은 성자들이 닦으시는 공덕은 말할 필요조차 없다.

그 생명이 영원하듯이 그 영원이 다할 때까지 일체 성현과 일체 중생이 짓는 공덕을 함께 기뻐하는 것이다.

二. 행원의 기쁨

○

경에는 부처님께서 처음 발심하실 때부터 닦으시는 모든 공덕을 기뻐하는 것으로 시작해 그 사이에 몸과 목숨을 돌보지 않으시고 무량겁 동안 닦으시는 난행 고행을 모두 함께 기뻐한다. 가지가지 바라밀문을 닦으며, 가지가지 보살지지를 이루어 가며, 위없는 대각을 성취하며, 마침내 열반에 드신 뒤에 사리를 분포하실 때까지의 모든 선근을 기뻐한다.

시방세계 헤아릴 수 없이 많은 부처님들이 닦으신 그와 같은 공덕을 다 기뻐하며, 시방세계 천상이나 인간이나 지옥 · 아귀 · 축생에 이르기까지 그 모든 중생들이 짓는 공덕 가운데 설사 한 터럭만한 것이라도 함께 기뻐하며, 또한 시방 삼세 일체 성문들과 그 밖에 모든 성자와 일체 중생을 나누지 않고 그 사이에 착한 사람, 악한 사람 등 세간적 평가에 걸리지 않고 오직 그 사이에 싹트는 거룩한 빛을 설사 터럭끝만한 것이라도 함께 기뻐하는 큰 마음을 배워야 하며, 이 큰 마음의 뿌리 한 생명의 마음에 착안해야 할 것이다.

이러한 큰 생명이 본래의 우리 생명이며 우리의 진면목일진대 어찌 이 세상에 대립하고 미워할 자가 있을까? 모두와 함께 마음을 주고 손을 잡고 기뻐하고 서로 돕는 생활이 바로 바른 믿음의 생활이며 깨달음의 행이라고 할 것이다. 이것을 돌이켜보아 우리의 일상생활과 세상 형태를 바로 잡아갈 표적으로 삼아야 하겠다.

三. 일체에 감사하고 일체와 화목하자

○

우리는 다른 사람이 짓는 공덕을 함께 기뻐하는 법문에 이르러서 또 한 가지 깊이 반성할 것을 발견한다. 그것은 일체 중생에게 감사하고 일체 중생과 화목하는 일이다. 감사에 대해서는 이미 언급한 바가 있다. 그 중에서도 새로이 감사한 생각이 더해지는 것은 우리를 둘러싸고 있는 모든 환경과 모든 사람들에 대한 감사다. 저분들이 나를 둘러싸고 나와 환경을 함께 함으로써 나를 도와주고 있는 것이다.

원래 하나의 생명이지만 그 중에서도 특별히 이분들만큼은 내 가까이에 와서 나를 대하고 나와 접촉하며 나와 함께 일을 한다. 이분들이 진정 고마운 것이다. 따뜻하게 대해 주고 자비스러워서 감사하고, 꾸짖고 때려서 나를 경책해 주어서 감사하고, 나로 하여금 슬픔과 괴로움을 다하게 함으로써 그것을 이기는 힘을 기르게 하여 감사하고, 나의 생애를 통해 수행의 성과 있는 생애를 구성해 주어서 감사하다.

진정 부처님의 은혜는 나를 둘러싸고 있는 모든 가족과 형제와 이들 모든 사람들을 통해 나에게 흘러오는 것이다. 나를 기쁘게 하고 내 생명의 진실을 알게 하며 나를 진리 위에 키워 주고 단련해 주는 사람들이 바로 이분들이다. 나를 감싸 주어서 고맙고, 매질하고 욕하고 억압을 주어서 고마운 것이다. 우리를 둘러싸고 있는 환경에서 진정 감사할 줄 안다는 것이 나의 진실한 생명을 사는 것이며, 남이 짓는 공덕을 나의 공덕으로 알고 함께 기뻐하는 것이 되는 것이다.

보살의 생명관이 이러하므로 이 천지 누구와도 대립할 사람이 없다. 아무리 밉게 대해 오고 아무리 쓰라림을 안겨 주더라도 그를 미워할 수 없고 그와 대립할 수 없다. 알고 보면 앞서 말한 바와 같이 저들이 나에게 한없는 은혜를 주는 것이며, 앞으로도 주는 것이다. 동시에 원래 한 몸이기 때문에 나의 성숙을 진정 기대하고 있는 것이다.

어떤 경우라도 우리는 이웃과 대립할 수 없다. 모든 사람을 공경하고 서로 화목해야 한다. 만약 대립하고 화목하지 못한다면 그것은 불보살의 은혜와 대립하고 등을 지는 것이다. 어떠한 이유를 붙여서라도 형제나 이웃과 결코 불화할 수 없다는 것을 배워야 한다. 따라서 복을 받고 소망을 이루려거든 먼저 부모님이나 부부간이나 형제나 이웃과 화목해야 하고 일체 중생에 감사할 것을 알아야 한다. 부모님이나 부부나 형제나 이웃과 불목하고는 아무리 독경 염불하더라도 공덕을 입을 수 없다. 은혜의 물줄기와 등졌기 때문이다.

원래 부처님은 일체 중생과 함께 하시며 일체 생명 위에 함께 하신다. 그러므로 부처님께 공양하고 기원하자면 모름지기 먼저 일체 이웃과 화합하고 일체 이웃에 감사해야 한다. 일체 이웃과 불화하고서는 부처님께 공양이 성취될 수 없다. 또 일체와 둘이 아닌 진정한 화합에 도달할 때 거기서는 결코 재앙이 있을 수 없다. 천지 만물에 감사해 둘이 아닌데 누가 그를 해롭게 할 것이며, 일체 중생과 화합해 둘이 아닌데 어찌 그를 해칠 것인가? 모두가 나의 편이 되고 나의 성공 나의 공덕을 찬양하고 기뻐하며 서로 도와주는 것이다. 우리는 일체와 더불어 둘이 아닌 이 몸이라는 사실을 확인하는 법문으로써 함께 기뻐하는 도리를 배워야 할 것이며, 일체에 감사하고 화목하는 도리를 배워야 할 것이다.

1

일체지(一切智) : 범어의 살바즈냐타(sarva-jñāta)의 번역인데 살바야(薩婆若)라고 적는다. 그 지혜의 깊고 넓은 것을 바다에 비유해 살바야해(薩婆若海)라고도 하는데 모든 존재에 대해 개괄적으로 아는 지혜를 일체지라고 하고, 보살이 중생을 교화하기 위해 도(道)의 종별을 다 아는 지혜를 도종지(道種智)라 하며, 모든 존재에 대해 평등의 상에 즉(卽)해 차별상을 다시 자세하고 세밀히 아는 지혜를 일체종지(一切種智)라 한다.

2

바라밀문(波羅蜜門) : 바라밀의 법문, 즉 도를 말한 것이다. 바라밀은 범어의 파라미타(parāmita)인데 도피안(到彼岸), 도무극(到無極), 도(度)라는 뜻이다.

미(迷)인 이 언덕에서 깨침인 저 언덕에 이른다는 뜻이니, 보살이 닦는 행(行)이다. 육바라밀 · 십바라밀 · 사바라밀 등이 있는데 육바라밀은 육도(度)라고도 하며 대승보살이 실천 수행하지 않으면 안 되는 6종의 행이다. 보시(布施)바라밀 · 지계(持戒)바라밀 · 인욕(忍辱)바라밀 · 정진(精進)바라밀 · 선정(禪定)바라밀 · 지혜(智慧)바라밀이 그것이다. 이 중에 지혜바라밀이 가장 중요하니 보시로 하여금 보시바라밀이 되게 하고 내지 선정이 선정바라밀이 되게 하는 것은 지혜다.

그러므로 지혜바라밀을 모든 부처님의 모(母)라 한다. 십바라밀은 십도(十度) 또는 십승행(十勝行)이라고도 하는데, 육바라밀을 얻기 위해 도움이 되는 다음 네 바라밀을 육바라밀에 더한 것이다. 네 바라밀은 방편(方便)바라밀 · 원(願)바라밀 · 역(力)바라밀 · 지(智)바라밀 등이다. 4바라밀이란 상(常, 완전한 영원성)바라밀 · 낙(樂, 완전한 안온성)바라밀 · 아(我, 완전한 주체성)바라밀 · 정(淨, 완전한 청순성)바라밀이다.

3

보살지지(菩薩智地) : 보살이 처음 보리심을 발하고 점차 수행의 공을 쌓아 불과로 나아가는 계위(階位)다. 이 계위는 경론에 따라 일정하지 않으나 고래로 『영락본업경(瓔珞本業經)』의 52위설이 가장 명의도 고르고 위차(位次)도 빠짐이 없다 하여 널리 쓰여지고 있으니 다음과 같다.

- 十信心(十信) : 信心 · 念心 · 精進心 · 慧心 · 定心 · 不退心 · 廻向心 · 護心 · 戒心 · 願心
- 十住心(十住 · 十解) : 發心住 · 治地(心)住 · 修行(心)住 · 生貴(心)

住・方便(心)住・正心住・不退(心)住・童眞(心)住・法王子(心)住・灌頂(心)住

- 十行心(十行) : 歡喜(心)行・饒益(心)行・無瞋恨(心)行(無違逆行)・無盡(心)行(無屈撓行)・離癡亂(心)行(無癡亂行)・善現(心)行・無着(心)行・尊重(心)行(難得行)・善法(心)行・眞實(心)行
- 十廻向心(十向心) : 救護一切衆生離相廻向心・不壞廻向心・等一切佛廻向心・至一切處廻向心・無盡功德藏廻向心・隨順平等善根廻向心・隨順等觀一切衆生廻向心・如相廻向心・無縛解脫廻向心・法界無量廻向心
- 十地心(十地) : 四無量心(歡喜地)・十善心(離垢地)・明光心(發光地)・焰慧心(焰慧地)・大勝心(難勝地)・現前心(現前地)・無生心(遠行地)・不思議心(不動地)・慧光心(善惠地)・受位心(法雲地)

4

사리(舍利) : 범어의 샤리라(śaria). 실리(實利)・설리라(設利羅)라고도 하고 신체・신・신골(身骨)・유신(遺身)이라고 번역된다. 사시(死屍) 또는 유골을 말하나 대개는 부처님의 유골(불골, 불사리)을 말한다. 이런 의미의 사리는 타도(馱都, dhātu)라고 하나 다만 사리라고 한다. 이 사리는 한량없는 육바라밀을 닦은 공덕으로 생기며 또는 계(戒)・정(定)・혜(慧)로써 훈수(薰修)해 생기는 것이므로 매우 얻기 어렵고 큰 복전으로 섬기게 한다.

5

선근(善根) : 범어의 쿠샬라물라(kuṣalamūla). 선본(善本)・덕본(德本)이라고도 번역된다. 그것이 뿌리가 되어 모든 선(善)을 낳기 때문이다. 무탐(無貪)・무진(無瞋)・무치(無癡)를 삼선근(三善根)이라 하는데 불선근은 그의 반대로 아쿠샬라물라(akuśalamula) 즉 탐 · 진 · 치(三毒)를 말한다.

6

육취(六趣) : 취는 범어 가티(gati)의 번역인데 도(道)의 뜻이니, 육취는 곧 육도다. 중생이 자기가 지은 행위 즉 업에 따라 나아가는 생존의 상태 또는 세계를 말한다. 지옥 · 아귀 · 축생〔혹은 방생(傍生)〕 · 아수라(수라) · 인 · 천이 육취인데 이것은 대승에서 취하는 설이고, 소승에서는 수라를 천(天) 또는 아귀에 포함시켜 오취설을 취한다. 천 · 인 · 수라는 선업에 의해 태어나는 곳이므로 삼선취(三善趣)라 하고 지옥 · 아귀 · 축생은 악업에 의해 태어나게 되므로 삼악취(三惡趣)라고 한다.

7

벽지불(辟支佛) : 범어의 프라트예카 붓다(Pratyeka-buddha)로서 독각(獨覺)이라 번역한다. 부처님의 가르침에 의하지 않고 스스로 도(道)를 깨치고 고요와 고독을 즐기므로 설법 교화를 하지 않는 성자이다. 성문(聲聞)과 더불어 이승(二乘)의 하나, 또는 보살까지 합해 삼승의 하나가 된다. 독각에는 부행(部行) 독각과 인유(麟喩) 독각의 2종이 있다. 전자는 앞서 성문이었을 때 불환과(不還果-아나함)까지 얻고 제4아라한과를 증할 때에 부처님의 교도를 받지 아니하고 홀로 스스로 깨친 것을 말하고, 후자는 홀로 살면서 100대겁(大劫) 동안 수행해 선근공덕을 닦아 마침내 홀로 깨친 것을 말한다. 부행(部行)이라 함은 성문이었을 때 여럿이 모여 단체 수행을 한 것을 말하고, 인유(麟喩)라 함은 기린의 한 뿔과 같이 처음부터 짝이 없는 독주자(獨住者)임을 말한다. 벽지불은 오직 자리(自利)의 행만이 있고 이타(利他)의 생각이 없으므로 대비심을 일으켜 중생을 제도하는 일이 없으며 따라서 불과(佛果)를 이루지 못하는데 이것을 벽지불의 사비장(捨悲障)이라 한다. 벽지불을 연각(緣覺)이라고도 하는데 이것은 벽지불이 꽃이 피고 잎이 지는 외연(外緣)에 의해 십이인연법을 깨쳤으므로 그렇다고 하나 이것은 잘못된 번역이라는 설이 있다.

8

유학(有學) : 이미 불교의 진리인 사제법(四諦法)의 이치를 알고는 있으나 아직 번뇌를 다 끊지 못해 누진(漏盡), 즉 번뇌를 아주 끊어 깨침을 얻기 위해 즐겨 계정혜(戒定慧) 삼학을 수학(修學)하는 이를 말한다. 이른바 사향사과(四向四果) 중 최후의 아라한과를 제한 나머지 사향삼과(四向三果)의 일곱이니 이에 대해 아라한과를 무학(無學)이라 한다. 유학에 18가지의 유별이 있어 18유학 · 유학 18 또는 18학인이 있는데 다음과 같다. 수신행(隨信行) · 수법행(隨法行) · 신해(信解) · 견지(見至) · 신증(身證) · 가가(家家) · 일간(一間) · 예류향(預流向) · 예류과(預流果) · 일래향(一來向) · 일래과(一來果) · 불환향(不還向) · 불환과(不還果) · 중반(中般) · 생반(生般) · 유행반(有行般) · 무행반(無行般) · 상류반(上流般) 등.

9

무학(無學) : 범어의 아샤이크샤(aśaikṣa)로서 극과(極果)라는 뜻. 성문사과(聲聞四果)의 최후의 자리인데, 곧 아라한(阿羅漢)이다. 아라한은 성문의 최후 이상의 세계이므로 여기에 이르면 모든 것을 다 배웠으므로 다시 더 배울 법이 없으므로 무학 또는 무학과(無學果)라 하고 무학정견(正見) 내지 무학정정(正定)의 팔성도(八聖道)와 무학해탈(解脫) 무학정지(正智)의 10종 무루법(無漏法)을 완성한다. 이것은 십무학지(十無學支)다.

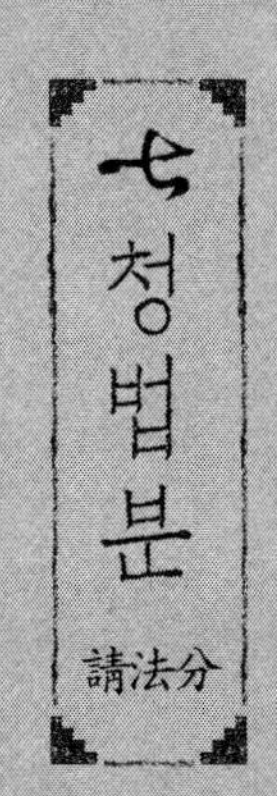
七
청법분
請法分

선남자여, 또한 설법해 주시기를 청한다는 것은 진법계 허공계 시방삼세 일체불찰 극미진마다 각각 불가설 불가설 불찰 극미진수의 광대한 부처님 세계가 있으니 이 낱낱 세계에 염념 중에 불가설 불가설 불찰극미진수의 부처님이 계셔서 등정각[1]을 이루시고 일체 보살들로 둘러워 계시거든 네가 그 모든 부처님께 몸과 말과 뜻으로 가지가지 방편을 지어 설법해 주시기를 은근히 권청하는 것이니라.
이와 같이 하여 허공계가 다하고 중생계가 다하고 중생의 업이 다하고 중생의 번뇌가 다해도 나의 항상 일체 부처님께 바른 법 설해 주시기를 권청하는 것은 다함이 없어 생각생각 상속하여 끊임이 없되 몸과 말과 뜻으로 짓는 일에 지치거나 싫어하는 생각이 없느니라.

復次 善男子야 言 請轉法輪者는 所有 盡法界虛空界十方三世一切佛刹極微塵中에 一一各有 不可說不可說佛刹 極微塵數 廣大佛刹하며 一一刹中에 念念有 不可說不可說佛刹極微塵數一切諸佛이 成等正覺하고 一切菩薩海會로 圍遶어든 而我悉以身口意業과 種種方便으로 慇懃勸請轉妙法輪호대 如是 虛空界盡하며 衆生界盡하며 衆生業盡하며 衆生煩惱盡하야도 我常勸請一切諸佛 轉正法輪은 無有窮盡하야 念念相續하고 無有間斷하야 身語意業에 無有疲厭이니라

一. 설법과 그 위력

◎

청법은 법을 설해 주기를 청하는 것이다.

원래 법은 이루어져 있는 것이며 법은 원래 설해지고 있는 것이건만 범부들은 번뇌망상으로 인해 법의 실상을 보지 못하며 실상의 설법을 듣지 못한다. 그렇기 때문에 불보살과 성현들이 나시어 중생의 근기[2]에 맞추어 깨닫도록 방편을 베푸신다. 이와 같이 중생의 근기에 맞추어 깨닫도록 베풀어 주시는 방편이 설법이다.

그러므로 설법은 말로만 하는 것이 아니고 모든 동작 전체 가운데 설법이 있는 것이다. 선지식을 섬기는 사람이 선지식의 말씀과 행동과 생활 전체에서 법문을 듣는다고 하는 이유가 여기에 있다.

설법은 중생의 번뇌를 깨뜨리고 중생의 마음에 광명과 지혜를 열어 준다. 설법은 중생의 자기 결박을 풀어 주어 자유와 해탈[3]을 안겨준다. 설법은 중생의 어리석음을 깨뜨려 그에게 한량없는 공덕을 성취시켜 준다. 설법은 중생의 차별과 한계와 조건을 타파해 무한한 자재를 안겨 준다. 설법은 중생의 어둠을 세척해 그의 생명에 끝없는 희망과 환희를 성취시킨다. 유한의 범부생활을 무한한 영원으로 바꾸는 것이다. 흙덩어리와 같이 혹은 돌덩이와 같이 알던 인간을 금강석이나 내지 부처님으로 바꾸어 놓는다. 인간을 둘러싸고 있는 온갖 장애를 없애 인간의 마음에 엉켜 있는 탐진치 삼독을 녹여 버려 광명이 찬란한 자성 공덕을 드러내 준다.

설법이 이러한 위력이 있으므로 설법이 있는 곳에 중생의 생명수가 있다고 하고 미망의 밤을 밝혀 주는 태양이 있다고 한다. 설법에서 불국토가 열리고 불자가 성숙해 간다. 참으로 설법은 중생에게 있어 생명의 의지처요, 그의 생명을 비추어 키워 주는 영원한 태양이다.

二. 인간과 역사를 바꾸는 설법

◎

이러한 설법은 그 형식이 한정될 수 없고 그 내용이 또한 무한일 수밖에 없다. 중생 개개인의 생각을 바로잡아 주기도 하고 생활 방식을 가르쳐 주기도 하며 그에게 새로운 힘과 능력을 열어 주기도 하고 새로운 자신과 용기를 안겨 주기도 한다. 비단 개인만이 아니다. 중생과의 관계, 사회와의 관계, 나아가 가정과 여러 가지 단체 사회 내지 국가 생활에 이르기까지 그가 있어야 할 위치와 움직여 나아가야 할 목표와 운영해 가는 원리를 설파한다. 그런 까닭에 설법은 개인의 수양, 개인적 인격 규범, 여러 사회 계층의 도덕 · 윤리 · 경제 · 사회 · 문화와 국가와 국제관계에 이르기까지 그 모두를 망라한다.

대개 설법은 한갓 개인 심성의 문제와 사회 도덕만을 문제 삼는 것으로 알고 있다. 그러나 불법佛法에 있어서 설법은 그렇지 않다. 생명과 일체 존재의 근원 자체를 밝게 열어 보인다. 그래서 인간사회의 도덕, 질서뿐만 아니라 사회발전 원리를 구체적으로 제시한다. 불법은 원래 있는 본래의 원리를 밝혀 줌으로써 일차적으로는 개인과 사회의 원초적인 양태, 즉 실상 진리를 제시해 주며, 다음에 현실적 인간이나 사회적 사상事象을 원초적 양태에 비추어 보게 함으로써 우리에게 현실적 개혁의 당위성當爲性과 그 방법을 명료하게 제시해 준다.

이런 점으로 설법이 인간 사회의 제반 문제에 대해 구체적인 해결 목표와 방법을 제시하지 못한다면 그것은 살아 있는 설법이라고 말할 수 없다.

三. 살아 구르는 법륜法輪

◎

설법을 전법륜轉法輪, 즉 법륜을 굴린다고 한다. 원래 법륜이라는 말은 법의 수레바퀴라는 뜻인데 이것은 사천왕이 가지고 있는 윤보輪寶에서 따온 말이다. 사천왕은 윤보를 굴려서 개울을 메우고 길을 평탄하게 하며 그의 국토를 통치한다. 윤보가 대지의 장애물을 없애고 평탄하게 하듯이 법륜이 능히 중생의 마음에 번뇌바다를 없애주는 것이다. 삼독의 가시덤불을 없애고 교만과 사상四相의 산을 무너뜨리며 의심과 애욕의 늪과 물결을 말려 버리는 것이다.

삼독의 구름을 헤쳐 버리니 자성의 태양과 정심불국淨心佛國이 그 앞에 개벽하는 것이다. 법륜을 굴림으로써 이와 같이 삼악도가 변해 연화지蓮華池가 된다. 중생세계가 불국토로 바뀌는 것이다. 법륜은 중생의 마음땅에, 중생의 가지가지 계층 사회와 현실 문제 위에 굴려 나아갈 때 비로소 불법의 광명은 온 법계에 두루 퍼지는 것을 믿게 되는 까닭이 여기 있다.

종교가 역사적·사회적 현실문제에 대해 아무런 대책도 내지 못하거나, 오히려 그것은 종교가 상관할 영역이 아니라고 외면한다면 그야말로 보물을 손에 쥐고 썩히는 격이다. 불법에 진리가 아무리 풍성하더라도 설법으로 그것을 내어 쓰지 않는다면 무슨 소용이 있다는 것일까. 하물며 종교인들이 전통적 경전의 문구만 외울 뿐 그 진리를 오늘의 현실 위에서 살려 낼 안목이 없다면 그런 종교는 한갓 사람들의 귀를 위로해 주는 앵무새 이상의 것이 되지 못할 것이다.

四. 설법의 현대적 의의

◎

설법이 없는 사회를 생각해 보자. 마치 태양을 잃어 버린 암흑처럼 생명의 진리의 빛을 만나지 못하는 암흑세계가 나타난다. 인간이 어떻게 살아야 하고, 사는 것이 무엇이며, 역사와 사회의 의미가 무엇인가를 밝혀주는 빛이 없는 것이다. 여기에서 생명의 암흑시대가 싹트게 되고, 도덕의 암흑시대가 시작되고, 역사의 암흑시대가 진행되며, 사상의 암흑시대가 열려 오고, 생명의 방황시대가 이루어지는 것이다.

오늘의 시대를 인간 정신의 방황시대라 하며 사상의 무정부시대라 하며 혼돈混沌의 시대라고 하는 것은 실로 참된 설법의 부재不在를 의미하는 것이 아니겠는가.

마땅히 법문은 열려야 하며 법의 수레바퀴는 쉴 사이 없이 영원히 영원히 굴려야 한다. 설법만이 인간과 역사의 세계를 구제해 주는 것이다. 혹자는 물질과 경제와 과학기술이 인간과 시대를 결정한다고 할 것이다. 그렇다. 물질과 과학기술이 인간을 이끌어 갈 때 바로 인간이 물질이 되고 과학기술의 도구가 되며 경제발전의 부속물이 되는 것이다. 인간은 물질이 되고 가정과 사회는 이익과 물질의 집합장이 되며 국가는 이욕 충족의 도구밖에 아무것도 아닌 것이 된다. 오늘날 세계적인 혼란은 바로 참된 설법이 없는 데서 유인한다는 사실을 우리는 여기서 다시 한 번 보는 것이다.

預. 허공이 법을 설한다

○

누가 법을 설하는가.

법은 깨달은 사람이 설한다. 진리를 아는 사람이 설하는 것이다. 법을 깨달은 분은 부처님이시고 대보살이며 또한 조사이시다. 이분들이 진리의 문을 열어 법의 광명을 이 세간에 쏟아 놓는 것이다.

그런데 이러한 중생을 진리로 인도해 제도하는 성자는 불보살뿐이실까.

그렇다. 불보살뿐이시다. 그러나 이 불보살은 불국토나 그 밖에 성스러운 곳이라고 간판이 붙은 그곳에만 계시는 것이 아니다. 일체처에 계시는 것이다. 경에 이르시기를 "진법계 허공계 시방삼세 일체불찰 극미진마다 각각 불가설불가설 불찰 극미진수의 광대한 불세계가 있고 그 낱낱 불세계에 염념 중에 불가설불가설 불찰 극미진수의 부처님이 계시다." 하였으니 실로 부처님은 일체 국토 무변 세계에 티끌티끌마다 아니 계신 곳이 없다.

어느 곳이든 부처님 아니 계신 곳을 생각할 수 없다. 아니 일체 처와 일체 중생이 부처님이시며 일체 처, 일체 중생의 숨결과 몸짓과 운동이 설법이다. 일월성신 산천초목이 설법하는 것이다. 참으로 일체 세계 일체 시중에 부처님이 계시고 법을 설하고 계시다.

허공이 법을 설하는 것이다. 바다가 법을 설하는 것이다. 산하대지가 법을 설하는 것이다. 산새와 꾀꼬리와 비둘기와 기러기와 갈매기와 물새가 법을 설하는 것이다. 촌아낙네가 법을 설하고, 코흘리개 동자가 법을 설하고, 주정꾼이 법을 설하고, 통곡하는 상제가 법을 설하며, 병자가 법을 설하고, 송장이 법을 설한다. 뇌성 번개가 법을 설하고 복숭아꽃이 법을 설하며 솔바람 소리 내지 귀뚜라미, 다람쥐가 법을 설한다. 그러하거늘 어찌 선량한 우리의 형제, 다정한 우리 벗, 따뜻한 우리 가족, 자비로운 우리 스승님들이 어찌 법을 설하지 못하실까. 그 모두가 법문의 열쇠를 손아귀에 쥐고 자비로운 법을 설하고자 우리 둘레에 와 계신다.

六. 어떻게 청법하는가

◎

원래 법문은 산하에 가득하고 허공에 가득 차며 우주에 넘쳐 있으니 그 법문을 능히 듣지 못하는 자가 없는 것이다. 다만 스스로 자기 귀를 가리고 자기 눈을 가리기 때문에 선지식을 만나지 못하고 그 설법을 듣지 못하는 것이다. 마음을 비울 때 곳곳에서 선지식을 만나고 곳곳에서 제불의 설법을 들을 수 있다. 아집과 편견과 삼독에 빠져 있을 때는 선지식을 만나고도 못보며 설법을 듣고도 알지 못한다. 그러므로 참으로 설법을 듣는 자는 먼저 그 마음을 비워 그릇된 소견을 모두 털어 없애고 아집과 아만의 산을 허물어 버려야 한다.

예부터 전해 오는 "마음을 비워야 부처 시험에 급제한다"는 말은 바로 이 뜻이며, 여러 경전에 부처님께 법을 청하였을 때 부처님께서는 "자세히 들어라"라고 말씀하시는 것도 마음을 비워 온전한 설법을 들으라는 뜻이다. 그렇거늘 어찌 설법주를 믿지 아니하거나, 그 말씀을 비판하려 하거나, 어떤 말을 하는가 한번 들어 보겠다는 자세로 공경심이 없다면 어찌 법을 제대로 들을 수 있을까.

법을 들으려는 자는 먼저 믿음과 공경과 진실을 다해야 한다. 설법이 자기 생명을 영겁으로 건져 주는 최대의 은혜로운 계기라고 생각하고 환희심과 용기를 내어 온갖 장애나 구실을 이겨내고 법을 듣도록 해야 한다. 설법을 듣고 싶어도 '바빠서 시간이 없다'는 구실은 진정한 청법자에게는 있을 수 없다. 생명에 영겁의 광휘를 줄 법문보다 더 소중하고 귀한 것이 또 있다는 말은 있을 수 없기 때문이다.

부처님께서는 말세중생이 선지식을 구해야 깨달음을 얻는다 하였고, 또한 선지식을 만나면 신명을 바쳐 섬기라 한 것은 청법자의 기본자세를 결정적으로 말씀해 주신 것이다.

ㄷ. 법을 설하는 사람들

◎

앞서 법문은 허공에 충만하였다고 하였다. 그렇거늘 어찌 부처님이 법문을 설하지 않겠으며 스님들과 삼보 제자들이 법을 설하지 아니할까. 우리들은 모름지기 그 모두에게 친근하여 청법하도록 해야 할 것이다.

그의 모양이 비록 아무리 초라하고 그의 말씨가 아무리 눌변이라 하더라도, 또한 그가 아무리 지식이 부족하고 그 형세가 아무리 낮아 보이더라도 그에게서 흘러 나오는 법문은 우주를 싸고 남는 대법임을 믿고 오직 공경하는 마음으로 청법해야 한다. "사람에 의지하지 말고 법에 의지하라." 하신 부처님 말씀은 우리로 하여금 법으로써 생명을 삼는 자신의 본분을 일깨워 주는 가르침도 있지만 설법주의 형상에 매달려 분별심을 내어 혹은 친근하고 혹은 배척하는 것을 경계하신 말씀이다. 또 『범망경』에는 "설법자는 방석 하나라도 더 고여 높은 자리에 앉으라…." 하신 것도 설법주의 사람됨이 다른 사람들보다 존귀해서가 아니라 법을 존중히 하는 뜻임을 또한 알아야 하겠다.

八. 설법說法의 요건들

경에 말씀하시기를 "몸과 말과 뜻으로 가지가지 방편을 지어 설법해 주시기를 권청하라."고 하셨다. 설법에서 우주의 광명이 비롯되고 생명이 감로를 받게 되며 국토가 진리로 장엄되는 것을 안다면 우리가 지극 정성 다해 설법해 주시기를 청하는 것은 너무나 당연하다. 몸을 다하고 말을 다하고 뜻을 다하고 방편을 다해 설법을 청하는 것이다.

설법주를 공경하고 법문을 찬탄하며 청법 대중을 모으고 설법 장소를 마련하고 법회를 원만하고 화목하게 이끌어 나아가는 이것 또한 중요한 청법 요건이다.

부처님 당시 죽림정사竹林精舍가 지어지고 기수급고독원祈樹給孤獨園이 지어져서 억겁으로 전해질 부처님의 대설법이 열리게 된 것을 우리는 너무나 잘 알고 있다. 설법할 시설과 현대적 여건을 구비하는 것도 청법이다. 서로가 화합하고 환희하며 서로 힘을 합해 법륜이 크게 구르도록 힘쓴다면 거기에는 여러 가지 방편이 나오게 된다.

법을 배우는 거룩한 무리들을 환희 찬탄하고 비록 먼 곳이라 할지라도 원근을 가리지 아니하고 청법하며 거룩한 법회의 이름을 크게 드날리는 것도 또한 설법과 깊은 관계가 있음을 알 수 있다.

九. 선지식善知識을 받드는 일

◎

끝으로 한마디 더할 것은 선지식에 관한 것이다. 『원각경』에 말씀하시기를 "말세중생이 큰 마음을 내어 선지식을 구하는 데 있어서는… 마땅히 이러이러한 사람을 구해야 한다."고 말씀하시어 선지식 되는 기본 요건을 말씀하고 있다.

첫째, 정지견正知見인 사람이다. 이 사람은 마음이 상相에 머무르지 아니하며 성문, 연각[4] 등 소승경계에 머물러 있지 아니하며, 비록 번뇌가 있다 하더라도 그 마음이 항상 청정하며, 또한 여러 허물이 있음을 보이더라도 항상 청정행을 찬탄한다 하였다. 이런 사람을 만나면 아뇩다라삼먁삼보리를 이루게 된다고 말씀하셨다. 수행하는 사람은 먼저 선지식을 구하고 선지식에 의지해야 함을 거듭 강조하고 계시거니와 또한 선지식을 받들어 섬길 것도 함께 말씀하고 있다.

"말세중생이 이와 같은 사람을 보거든 마땅히 공양하되 신명을 아끼지 말라."고 하셨으니 법륜이 영원히 굴러 이 땅에 감로의 비가 끊임없이 내리고 청정법의 광명이 영겁으로 빛나게 하기 위해서도 우리는 마땅히 선지식을 바로 섬기는 것을 배워야 한다. 그리고 우리의 근본 서원인 사홍서원 중에 법문무량서원학法門無量誓願學은 청법을 게으르지 않는데 있음을 다시 명념해야 할 것이다.

"허공계가 다하고 중생계가 다하고 중생의 업이 다하고 중생의 번뇌가 다해도 항상 일체 부처님께 바른 법을 설해 주시기를 권청하는 것은 다함이 없다…." 한 경의 말씀은 진정 우리가 가져야 할 자세임을 거듭 명심하자.

十. 설법의 사회적 조건

○

앞서 설법은 어둠에 던져지는 진리의 빛이라고 하였다. 이것이 개인에 비춰지거나 어떤 사회에 던져지거나 어떤 시대와 상황에 던져진다는 것은 진리가 그곳에 구현된다는 의미에서 실로 막중한 의의가 있는 것이다. 개인에게 밝음과 변혁을 주는 데서부터 시작해 역사의 방향을 이르는 데까지 광범한 의미가 있다. 그러므로 설법의 사회적 조건의 보장은 그 시대와 역사 발전에 깊은 연관이 있는 것이다.

대체로 인간 생활은 욕망의 추구와 그것을 위한 사회적 조화에 직접 동기가 있다. 이러한 범부 심정과 욕망 실현을 위한 활동과 사회에 올바른 진리의 빛이 던져지지 않는다면 거기에는 투쟁과 야망만이 있을 것이다. 설사 그렇지 않다 하더라도 욕망 충족을 위한 질서 이상의 것을 바라기 어렵다. 인간은 스스로 높고 밝은 이상을 갖고 있다. 하지만 그것을 계발하자면 적절한 지도와 사회적 조건의 보장이 또한 필요한 것이다.

이런 점에서 설법이 없는 사회는 지혜의 빛을 잃은 기동차다. 십자가도 위에서 좌충우돌하는 것으로 비유될 수 있다. 끊임없이 최상의 지혜의 빛에 의해 인간 역사와 인간 사회와 인간의 행위와 그 마음이 비춰져야 한다. 영예로운 인간 역사의 발전을 위해서는 위없는 지혜의 끊임없는 조명照明이 반드시 필요하다. 동시에 종교를 맡고 있는 교단이나 자각적 불자들은 사명감을 가지고 불법의 빛을 역사와 사회와 인간의 평원 위에 펴나가도록 해야 한다.

불법이 인간 개개인의 정신 문제뿐만 아니라 인간이 바르게 성장하고 생활하며 참된 가치가 발현되도록, 관심을 갖는다는 것은 참으로 중요한 일이다. 설법은 마땅히 이와 같은 사회 구조면을 향해 끊임없이 펴져 나가야 한다. 현대의 인간들이 스스로의 자각에 의해 자주적으로 자기 결단을 내리고 자기 활동을 전개하는 듯이 보이지만 실제로는 그렇지 못하다. 환경과 생활조건과 주어진 지식상황에 따라 행동하는 것이 일반적이다. 말하자면 자주적으로 스스로 결단하는 것이 아니라 주어진 환경 속에서 주어진 지식을 선택하고 결정한다. 현대인의 상황의존적인 이러한 특징은 문명이라는 조건 성숙과 함께 더해 간다.

이런 점에서 인간은 미혹에 의해 스스로 넘어지고 잘못된 사회사상에 의해 더욱 방황하고 그릇된 사회구조를 통해 자기 방황은 더욱 심해진다. 그래서 설법이 인간이 살고 있는 모든 상황에 부어지도록 보장된다는 것은 특별한 의미가 있다. 인간의 생활과 역사 위에 끊임없는 진리의 조명이 계속되는 것, 이것이 필경 불국토를 가꾸는 근본자세다. 한 국가나 사회가 참되게 번영하려면 이런 의미에서 종교의 자유와 설법의 자유와 그 여건과 사회적 시설이 보장되어야 한다는 것도 당연히 이해가 갈 것이다.

이러한 설법에 대한 사회적 관심이 비로소 이 국토를 인간의 영광을 가꾸는 국토로 만들며 인간의 역사를 탐욕 추구와 그 조정의 역사에서 벗어나 진리 구현의 과정이며 시설로 이루게 할 수 있는 것이다.

중생계가 다하고 허공계가 다해도 설법의 광명은 영원한 것이지만 이에 못지않게 설법에 대한 사회적 관심에 등한해서는 안 될 것이다.

1

등정각(等正覺) : 범어의 삼먁삼붓다(Samyaksaṃ-buddha)로서 부처님 십호(十號)의 하나. 삼먁삼불타(三藐三佛陀)라 쓰기도 한다. 번역하여 정등각(正等覺) · 정변각(正遍覺) · 정변지(正遍智)라고도 하는데 부처님의 평등하고 바른 깨침을 말한다.

2

근기(根機) : 부처님의 법을 받아 닦아 증하는 중생의 근본 성능과 능력이다. 대개 같은 법문 아래에서도 깨침에 차이가 있고 그 씀에 이동이 있는 것은 근기에 차가 있어 그러하다고 한다.

3

해탈(解脫) : 범어의 비모크샤(vimokṣa, 毘本叉 · 毘目叉, Vimukti 毘

本底)인데 번뇌의 결박에서 해방되어 미(迷)의 상태, 즉 고의 상황에서 풀려 나온 것을 말한다. 미의 세계를 건넜다는 의미에서 도탈(度脫)이라고도 한다.

4

연각(緣覺) : 벽지불과 같다.

八 청주분

請住分

선남자여, 또한 부처님께 이 세상에 오래 계시기를 청한다는 것은 진법계 허공계 시방삼세 일체 불찰 극미진수의 모든 부처님께서 장차 열반에 드시려 하실 때와 또한 모든 보살과 성문·연각인 유학·무학과 내지 일체 모든 선지식에게 두루 권청하되 "열반에 드시지 말고 일체 불찰 극미진수겁토록 일체 중생을 이롭게 하여 주소서." 하는 것이니라. 이와 같이 하여 허공계가 다하고 중생계가 다하고 중생의 업이 다하고 중생의 번뇌가 다해도 나의 이 권청은 다함이 없어 생각생각 상속하여 끊임이 없되 몸과 말과 뜻으로 짓는 일에 지치거나 싫어하는 생각이 없느니라.

復次 善男子야 言 請佛住世者는 所有 盡法界虛空界 十方三世 一切佛刹 極微塵數 諸佛如來 將欲示現般涅槃者와 及諸菩薩과 聲聞緣覺인 有學無學과 乃至一切諸善知識에 我悉勸請호되 莫入涅槃하고 經於一切佛刹極微盡劫을 爲欲利樂一切衆生하소서 하나니라 如是 虛空界盡하며 衆生界盡하며 衆生業盡하며 衆生煩惱盡하야도 我此勸請은 無有窮盡하야 念念相續하고 無有間斷하야 身語意業에 無有疲厭이니라

一. 설법주 영원하소서

◎

이 땅이 불국토이며 일체 중생이 부처님 공덕을 두루 갖춘 대보살이라는 사실을 안다는 것은 바로 자기 구제이며 중생 제도이며 국토 장엄이다. 이와 같이 나를 구제하고 중생을 구제하며 세계를 밝히는 중심은 앞서 청전법륜장請轉法輪章에서 본 바와 같이 그것은 이 땅에 진리의 광명을 던지는 설법주說法主이다.

이와 같은 설법주가 영원히 계시기를 기원하는 마음은 그것이 그대로 청정한 깨달음의 마음이다. 부처님의 마음이며 대보살의 마음이며 일체 중생 본래 면목의 마음이다. 그러므로 이 마음이 클 때 중생이 성숙되고 보살이 성장하며 국토의 광명이 넘친다. 불보살님과 일체 중생이 영영 열반에 드시지 말고 중생들을 이롭게 해 주소서 하는 것이 얼마나 큰 공덕인가는 가히 짐작이 간다.

二. 보살의 원願

○

앞서 말한 바와 같이, 열반을 모르는 범부들은 부처님 육체의 몸이 일체 중생과 함께 제행무상諸行無常의 법에 걸려 사라지는 것을 열반이라 하며, 부처님은 그 다음에 원만한 열반에 든 것으로 착각한다. 열반은 죽음이 아닌데도 죽음을 열반으로 보는 것이다. 그래서 부처님이 형상의 그림자를 거두는 사실을 일러 열반에 든다는 말이 불교계에 통용되고 있다.

거듭 말해서 열반은 일체 번뇌의 멸滅이며, 일체 장애의 멸이며, 일체 한계의 멸이며, 일체 생멸의 멸이다. 그러므로 열반은 결박에서 벗어남이며 대해탈이며 대완성이다.

대승사상에서는 열반을 적극적으로 해석해 깨달음 자체로 본다. 영원과 즐거움과 참 나[眞]와 청정의 사덕四德이 있는 것으로 본다. 그런 입장에서 열반에는 팔미八味가 있다 하였으니 상常 · 항恒 · 안安 · 청정淸淨 · 불노不老 · 불사不死 · 무구無垢 · 쾌락快樂을 들고 있다.

열반은 본래의 것이며 깨달음을 통해 주체적 파악이 되는 것이다. 이것이 모든 중생의 진면목임을 알고 열반이 지니는 진실한 덕성과 그 위덕을 십분 발휘하도록 해야 한다.

불보살이 이와 같이 불생불멸을 시현하며 중생을 교화하건만 범부들은 부처님이 세간의 인식권 밖으로 벗어나게 됨을 열반이라 하는데 이런 열반은 이 땅에서 열반의 광명이 사라지는 것을 의미한다. 그렇기 때문에 불법영원과 중생성취를 기원하는 보살이 마음속으로부터 '열반에 들지 마소서. 영원히 중생을 이롭게 해 주소서' 하고 청원하는 것이다.

三. 세 가지 선지식

◎

경에는 "모든 부처님과 또한 모든 보살과 성문·연각인 유학·무학과 내지 일체 선지식께서 장차 열반에 드시려 하실 때 열반에 드시지 말고 극미진수겁토록 일체 중생을 이롭게 해 주소서." 한다 하였다. 한마디로 모든 선지식에게 이 땅에 오래 머물러 주시도록 지극 정성 권청하는 것이다.

경에서는 부처님과 보살과 유학인 성문과 아라한과 일체 선지식을 들고 있다. 선지식은 우리를 번뇌의 불집에서 나와 열반의 편안한 집에 이르게 하신다. 선지식은 우리와 함께 하시며 우리를 가르치고 우리를 외호하고 우리와 벗해 주신다. 고래로 선지식을 선우善友라고도 하며 승우勝友·친우親友라고 해온 것은 이 때문이다. 그래서 외호外

護 선지식, 동사同事 선지식, 교수敎授 선지식이라는 이름도 있다.

또 우리에게 법을 주고 또는 재물을 주면서 우리를 인도하는 선지식이 있으니 삼우三友가 그것이다. 삼우란 상친우, 중친우, 하친우를 말한다. 상친우는 오직 법만 주는 선지식이고, 중친우는 법과 재물을 함께 주는 선지식이며, 하친우는 재물만 주는 선지식이다. 여기서 법과 재물을 주는 선지식을 중친우라 함은 다소 의아한 일인지도 모른다.

우리는 법이 무상無上이며 일체 구족이며 일체 성취라는 것을 상기하고 이러한 법의 순수성에 대해 제어를 하는 것은 그 모두가 최선이 못된다는 것을 알아야 한다. 법에 의한 독존, 법에 의한 자재, 이것이 불교가 사람을 가르치고 일으켜 세우는 최상의 형식이며 기술임을 알아야 한다. 어쨌든 법이든 재물이든 그것이 선지식의 뜻에서 행해지는 한 그 모두는 법이며 최상의 시혜施惠이니, 우리는 처처에서 최상의 선지식을 발견해야 할 것이다. 그리고 이들 선지식에게 차별심을 내지 말고 여법히 권청하고 여법히 받들어 섬겨야 할 것이다.

四. 정법을 호지하는 공덕

○

선지식은 설법주이며 이 땅의 광명이다. 그러므로 선지식을 옹호하고 정법을 호지하는 것은 우리 모두에게 주어진 최상의 의무이다. 경에는 호법護法의 공덕을 처처에 말씀하고 있다. 그 중에도 『대반열반경』에는 석가모니 부처님이 과거세에 호법한 내력이 전해 온다. 그리고 호법하는 자의 기본자세와 그 방법을 또한 밝게 말씀하신다.

저 머나먼 과거세에 각덕覺德 비구가 출세해 정법으로 교화하고 있었는데, 그때에 그를 훼방하는 악한 무리들이 떼를 지어 각덕 비구를 해코지하였다. 그때에 왕인 유덕有德이 정법을 호지하기 위해 군대를 이끌고 저들을 맞아 싸웠다. 저들의 군세가 대단해 유덕왕의 용전분투로 각덕 비구는 보호할 수 있었어도 유덕왕은 상처를 입어 마침내 죽고 만다. 임종을 당해 각덕 비구는 그에게 법을 설하고 그는 목숨을 거두자 곧 아촉불국 제1의 제자로 태어난다. 그리고 이 호법공덕으로 마침내 성불하였으니 석가모니 부처님이 바로 그이시다.

『대반열반경』「금강신품」에는 다음과 같이 말씀하신다.

"선남자여, 이런 까닭에 비구[1] · 비구니 · 우바새 · 우바이 등은 마땅히 힘써 정법을 호지하라. 정법을 호지한 과보는 광대무량하니라. 선남자여, 이 까닭에 호법하는 우바새들은 도장刀杖, 무기을 잡고 그와 같은 법을 지니는 비구를 옹호할지니라. 만약 오계를 갖춰 수지하는 자가 있더라도 이로써 대승의 사람이라고는 할 수 없느니라. 오계를 받지 않았더라도 정법을 호지하는 자는 이 사람을 곧 대승이라 할 것이니라. 정법을 호지하는 자는 마땅히 칼 등 기장을 가지고 법사를 호위하라."

이 얼마나 정법을 지켜 만겁으로 전하시고자 하시는 지극한 말씀이신가. 일신의 청정과 안이한 자비심에 등대고 정법이 파괴되고 정법을 선설하는 법사가 위협을 당해도 오히려 눈 감고 지나가려는 겁약한 마음을 격발시키는 웅혼한 말씀이신가. 오직 정법을 호지하기 위해 능히 무기를 들고 일어서는 자야말로 진실한 계를 가지는 자며 대승의 보살이라 말씀하시는 것이다. 그리고 그 공덕이 광대무량함을 말씀하신다.

호법하는 공덕에 대해 『열반경』에서는 "부처님의 몸은 항상 머물러 있는 몸이며 허물어지지 않는 몸이며 금강의 몸이며 음식을 먹어 지탱하는 몸이 아니니 부처님은 곧 법신이다."라고 말씀하시며 그와 같은 부처님의 금강불괴신을 성취한 인연을 이렇게 말씀하고 있다.

"능히 정법을 호지한 인연으로 이 금강신을 성취할 수 있었느니라. 가섭이여, 내가 옛날에 법을 지킨 인연으로 지금 이 금강신이며 상주불괴신常主不壞身을 성취할 수 있었느니라. 선남자여, 정법을 호지하는 자는 오계를 받지 아니하며 위의威儀를 받지 아니하며 칼·활·창 등을 가지고 청정 비구를 수호할지니라."

여기서 우리는 부처님의 청정법신을 성취해 금강불괴신을 이루신 인연이 정법을 호지한 적극 정신에서 왔다는 말씀에 주목해야 할 것이다.

預. 정법 호지자의 계명

◎

『열반경』「장수품長壽品」에는 정법을 파괴하는 자를 보면 마땅히 여법 규하라고 말씀하시며 또한 그 복이 한량없음을 말씀하시면서 다음과 같이 가르치고 있다.

> "내가 열반한 뒤에 어떤 곳에서든 계를 지키는 비구가 있고 위의가 구족해 정법을 호지할 때 만약 법을 파괴하는 자를 보고 곧 능히 내쫓고 규치糾治한다면 이 바람은 한량없고 헤아릴 수 없는 복을 얻을 것이다…(중략)…."
>
> "선남자여, 비유컨대 장자가 사는 곳에 밭이나 집에 여러 가지 독한 나무가 났다면 장자가 이것을 알면 곧 베어 버려서 다시는 나지 않게 하는 것과 같이…정법을 호지하는 비구도 또한 그와 같느니라. 계를 파하고 정법을 파하는 자를 보거든 마땅히 구견하책 거처할 지니라. 만약 어떤 착한 비구가 법을 허무는 자를 보고 구견하책 거처하지 않는다면 마땅히 알지라. 이 사람이 불법 중의 원수니라. 만약 능히 구견하책 거처하면 이것이 나의 제자며 참된 성문이니라."

여기서 보는 바와 같이 정법을 호지하는 자는 오계를 갖지 아니한다. 그러나 두 가지 움직여서는 아니 될 지상 목적이 있는 것을 알아야 한다. 그 하나는 정법을 호지하는 목적이고, 또 하나는 저들을 자비심으로 대해 능히 무기를 드는 것이다. 만약 정법을 파괴하는 자를 보고도 그것을 조복받지 아니한다면 파법행위를 외면한 그 사람이 불법의 원수라고 하였다. 또한 경에는 호법하는 자가 무기를 들고 일어나더라도 지극한 자비로써 명근命根만은 끊지 말라고 하신 것을 기억해야 한다.

우리는 여기서 열반의 대승적 의미가 어떠한 것인가를 알 수 있으며 설법주를 보호하고 정법광명을 호지하는 공덕이 얼마나 위대한가를 짐작할 수 있다.

이 땅에 평화와 안락이 영원하기를…, 이 땅의 중생들이 보리를 이루기를…기원하는 보살이 일체 선지식에게 권청하되 "열반에 드시지 마소서. 영겁토록 이 땅에 머물러 주소서. 일체 중생을 널리 이롭게 해 주소서." 하는 이것이 바로 불심광명의 표현임을 능히 알 수 있다. 그러므로 이 기원은 그만둘 수가 없다. 이 땅에 태양이 영원하심을 기원하듯이 허공계가 다하고 중생계가 다하고 중생의 업이 다하고 중생의 번뇌가 다해도 보살의 이 권청은 결코 쉴 수 없는 것이다.

'청불주세장請佛住世章'에서 보인 원대한 보살의 책임정신과 호법의지를 우리는 깊이 배워야 할 것이다.

1

비구(比丘) : 범어의 빅슈(bhikṣu : 苾芻)라고 한다. 걸사(乞士) · 포마(怖魔) · 파악(破惡) · 제근(除饉) · 근사남(勤事男)이라 번역된다. 남자로서 출가해 250계를 받아지니며 수행하는 이를 말한다. 비구의 종류에 대해 『사분율』에는 다음의 7종 비구가 보인다. 명자(名字)비구 · 상사(相似)비구 · 자칭(自稱)비구 · 선래(善來)비구 · 걸구(乞求)비구 · 착할절의(着割截衣)비구 · 파결사(破結使)비구인데 이 파결사비구 즉 파번뇌비구가 참 비구다.

九 수학분

隨學分

선남자여, 또한 항상 부처님을 따라 배운다고 하는 것은, 이 사바세계[1]의 비로자나 여래께서 처음 발심하실 때부터 정진해 물러나지 아니하고 불가설불가설의 몸과 목숨을 보시하시되, 가죽을 벗겨 종이로 삼고 뼈를 쪼개어 붓을 삼고 피를 뽑아 먹물을 삼아서 쓴 경전을 수미산같이 쌓더라도 법을 존중히 여기는 고로 신명을 아끼지 아니하거든, 어찌 하물며 왕위나 성읍이나 촌락이나 궁전이나 정원이나 산림이나 일체 소유와 가지가지 난행고행일 것이며, 내지 보리수하에서 대보리를 이루시던 일이나 가지가지 신통을 보이시사 가지가지 변화를 일으키시던 일이나 가지가지 부처님 몸을 나투사 가지가지 중회에 처하시되, 혹은 모든 대보살 중회도량에 처하시고 혹은 성문과 벽지불 등 중회도량에 처하시고 혹은 전륜성왕[2] 소왕 권속 등 중회도량에 처하시고 혹은 찰제리[3]나 바라문[4]이나 장자나 거사의 중회 도량에 처하시며, 내지 천룡팔부와 인비인 등 중회도량에 처하시면서 이러한 가지가지 회중에서 원만하신 음성을 마치 큰 우레소리와도 같게 하여 그들의 좋아함을 따라서 중생을 성숙시키시던 일이나 내지 열반에 드심을 나투시는 이와 같은 일체를 내가 다 따라서 배우기를 지금의 세존이신 비로자나 불께[5]와 같이 하는 것이니라.

이와 같이 하여 진법계 허공계 시방 삼세 일체 불찰의 모든 미진 중에 계시는 일체 부처님께서도 또한 다 이와 같이 하여 염념 중에 내가 다 따라 배우느니라.

이와 같이 하여 허공계가 다하고 중생계가 다하고 중생의 업이 다하고 중생의 번뇌가 다해도 나의 이 따라 배움은 다함이 없어 몸과 말과 뜻으로 짓는 일에 지치거나 싫어하는 생각이 없느니라.

復次 善男子야 言 常隨佛學者는 如此娑婆世界 毘盧遮那如來 從 初發心으로 精進不退호되 以不可說不可說 身命으로 而爲布施하며 剝皮爲紙하고 析骨爲筆하며 刺血爲墨하야 書寫經典을 積如須彌라도 爲重法故로 不惜身命이어든 何況王位城邑聚落이며 宮殿園林이며 一切所有와 及餘種種難行苦行이며 乃至樹下에 成大菩提하고 示種種神通하며 起種種變化하야 現種種佛身하며 處種種衆會호대 或處一切諸大菩薩衆會道場하며 或處聲聞及辟支佛 衆會道場하며 或處轉輪聖王小王眷屬 衆會道場하며 或處刹利及婆羅門 長者居士衆會道場하며 乃至 或處天龍八部人非人等衆會道場하야 處於如是種種衆會호되 以 圓滿音이 如 大雷震하야 隨其樂欲하야 成熟衆生하며 乃至示現 入於涅槃하는 如是一切를 我皆隨學호대 如今世尊毘盧遮那하나니 如是하야 盡法界虛空界 十方三世 一切佛刹 所有塵中의 一切如來도 皆亦如是하야 於念念中에 我皆隨學하나니라 如是 虛空界盡하며 衆生界盡하며 衆生業盡하며 衆生煩惱盡하야도 我此隨學은 無有窮盡하야 念念相續하고 無有間斷하야 身語意業에 無有疲厭이니라

一. 용맹정진을 배우자

○

보현행원의 여덟 번째는 부처님을 따라 배우는 것이다. 발심하고 수행하고 온갖 명예나 재산을 버리고 나아가 목숨까지도 보시해 무상도를 구하는 것을 배우는 것이다. 경에는 한량없는 목숨을 보시한다 하였고, 또한 가죽을 벗겨 종이를 만들고, 뼈를 쪼개어 붓을 만들고, 피를 뽑아 먹물을 만들어 경전을 써서 수미산같이 쌓는다고 말씀하셨다. 무상도를 구하는 자세가 어떠한 것인가를 우리는 여기서 읽을 수 있다.

구도자에게는 무상도를 구하는 일 이외에 다른 것이 없다. 그 앞에는 몸도 목숨도 모두가 몽환과 같으며 티끌 같은 존재 이외에 아무것도 아니다. 그러하거늘 어찌 세간의 지위나 재산이나 내지 소소한 난행 고행일까.

일체 보살이 이와 같이 발심해 이와 같은 정진 자세로 오로지 순수하게 법 하나를 지상 가치와 지상 목표로 삼아 오직 한 길로 정진하였다. 이 구도자의 순수한 정신, 용맹정신, 결단적 행동 정신을 눈을 크게 뜨고 보아야 한다. 일체 보살이 이와 같이 수행하셨고 이와 같이 성불하셨으니 수행자세가 이러고서야 어찌 다른 것이 있을 수 있을까? 그에게는 오직 성불만이 있는 것이다.

경에 의하건대 석가모니 부처님은 삼세제불 가운데 '용맹정진에 있어서 제일'이라고 하였다. 그리고 "여래의 용맹정진을 몸소 배우라." 하셨으니 "이것 없이는 나의 제자가 아니다."라고 하셨다. 사바세계에서 도를 구하려 할진대 이와 같은 순수한 용맹정진은 필수 불가결임을 배워야 하지 않겠는가. 설사 조그마한 세간적 성공을 거두는 데도 불굴의 인내심이 필요하거늘 어찌 무상도를 구하는 데 있어 해이한 정신으로 가히 공업을 기대할 수 있을까. 용맹정진이야말로 일체사를 성취시키는 제일 요건임을 깊이 배워야 할 것이다.

二. 팔상성도에서 배우자

◎

첫째는 이 세간에 제불이 몸을 나투심은 큰 서원력의 나툼이며 대자비심의 방편적 표현이다. 몽환 속에서 악몽에 시달리는 중생을 깨우치고자 짐짓 세간에 출생하시는 상도 나투고 성도도 하며 열반에도 드신다. 그래서 모든 부처님의 출생과 내지 열반에 이르는 일대사는 이것이 부처님의 대법문이며 대감로수인 것이다. 그러므로 우리는 그 한 토막 한 토막 내지 낱낱의 사건 속에 담긴 부처님의 곡진하신 자비와 지혜의 말씀을 알아들어야 한다.

둘째는 부처님의 그와 같은 발심·수도 내지 시현열반이 바로 일체 중생이 닦아갈 표준이라는 사실이다. 그리고 그러한 가지가지 법문은 그것이 청정 자성을 나투는 표격이며 공도이기도 하다. 그러므로 누구나 이 공도를 따라 이 표격을 기준으로 하여 배우고 의지하고 따르고 닦아갈 때 거기에는 청정본법신의 본연상이 함께 있으며 그 위신력이 함께 있는 것이다.

만약 도를 이루었다 하여 이와 같은 표현도 이와 같은 열반도 없다면 일단은 정도 여부를 살필 필요가 있다고 본다. 원래 멸함이 없는 부처님이시며 원래 출몰이 없는 법성신이지만 사바중생에게 각성 광명을 떨쳐 내실 때는 대개 위 경에 보이신 바 자비광명 법식이 따르는 것이다. 경에는 비로자나 부처님이 그러하심을 말씀함으로써 근본불의 활동법식이 그러함을 보여주었고 우리의 청정 자성의 본연적 발현양식이 그러함을 말씀하고 있다.

三. 행이 깨달음이다

○

부처님을 따라 배우자. 비로자나 부처님께서 처음 발심하실 때부터 용맹정진하여 물러서지 아니하고 보리를 이룬 것을 따라 배우자. 그리고서 가지가지 방편을 열어 일체 중생을 성숙시킨 그 모두를 따라 배우자. 이것이 깨달음의 행동이며 청정 자성을 구김없이 드러낸 양상이다. 이것이 함이 없는 땅에 이르는 방법이며, 함이 없는 땅에 도달한 소식이며, 함이 없는 큰 법을 굴리는 소식이다.

1

사바세계(娑婆世界) : 범어의 사하로카다투(sahalokadhātu). 감인토(堪忍土) · 인계(忍界) · 인토(忍土)라고 번역된다. 석가모니 세존이 출세하신 이 세계를 이름한다. 이 땅은 중생들이 가지가지 번뇌를 참아 받고 또한 성자들도 이곳에서 피로를 참고 교화하기 때문에 감인토라 한다. 사바세계의 지역은 석가모니불의 교화토 전체를 말하므로 삼천대천세계, 즉 백억(百億) 수미산 세계를 총칭하며 석가모니 세존이 이 사바세계의 본사이시다. 이 세계를 창조한 것은 대범천이라 하여 범천왕을 사바주 또는 인토왕(忍土王)이라 한다. 사바를 잡회(雜會) · 잡잡(雜雜)이라고 번역하기도 하는데 이것은 범어의 사하(saha)를 사브하(sabha)로 본 것으로 수다한 중생이 잡거하기 때문인 듯하다.

2

전륜성왕(轉輪聖王) : 범어 차크라바르티라잔(Cakra-varti-rājan)인데 윤보(輪寶)를 굴리는 왕이라는 뜻이다. 전륜왕은 7보(輪 · 象 · 馬 · 珠 · 女 · 居士 · 主兵臣)와 4덕[장수 · 무환(無患) · 뛰어난 용모 · 많은 보물]을 갖추고 정법으로 세계를 통치하는 이상적인 군

주인데, 경전에 자주 비유로 나온다. 부처님의 설법을 '전법륜'이라 하는 것도 전륜성왕이 윤보를 굴리는 것에 비유한 것이다. 『인왕반야경』에는 금 · 은 · 동 · 철의 사륜왕(四輪王)을 보살의 계위에 비한 것이 보인다.

3

찰제리(刹帝利) : 고대 인도의 4종의 사회계급을 4성(姓)이라 하는데 찰제리는 그 중 제2급에 속하는 왕족 또는 사족(士族)계급이다. 범어로는 크샤트리아(kṣatriya)다. 참고로 4성을 적어둔다. 제1계급은 바라문(婆羅門, brāhmana)으로서 바라문교의 승려(學者)인 사제계급(司祭階級)이다. 제2계급은 찰제리, 제3계급은 바이샤(vaiṣya, 毘舍 · 吠舍 · 吠奢)로서 농공상(農工商)에 종사하는 평민계급이다. 제4계급은 수드라(śūdra, 首陀羅)로서 노예계급이다.

4

바라문(婆羅門) : 범어의 브라마나(Brāhmana). 정행(淨行) · 범행(梵行)으로 번역되며 범지(梵志)라고도 한다. 인도 사성계급(四姓階級)의 최고위에 있는 계급으로 바라문교의 승려 및 학자인 사제계급(司祭階級)이니 바라문교의 전권을 장악해 왕보다 윗자리에 있으며 신의 후예라 자칭하며 신의 대표자로서의 권위를 떨친다. 그들의 생활에는 범행(梵行) · 가주(家主) · 임서(林棲) · 유행(遊行)의 네 시기가 있어, 어렸을 때는 부모 밑에 있다가 조금 자라서는 집을 떠나 스승을 모시고 베다를 학습하며 장년에 이르면 다시 집에 돌아와 결혼하고 살다가 늙으면 집안 살림을 아들에게 맡기고 숲속에 들어가 고행 수도한 뒤에 나와 사방으로 다니면서 세상의 모든 일을 초탈해 남들이 주는 시물을 가지고 생활한다.

5

비로자나불(毘盧遮那佛) : 범어의 바이로차나(Vairocana)로서 비로사나(毘盧舍那)·비로절나(毘盧折那)라고도 하며 변일체처(遍一切處)·광명변조(光明遍照)라고 번역된다. 부처님의 전신을 나타내는 칭호로서 부처님의 신광(身光)·지광(智光)이 이사무애(理事無礙)의 법계에 두루 비춰 원명(圓明)한 것을 의미한다. 그러나 이를 해석하는 데에 있어 종파에 따라 조금씩 다르나 비로자나불은 법성상주(法性常住)의 법신(法身), 노사나불은 보신(報身), 석가모니불은 화신(化身)이면서, 이 셋은 융즉무애(融卽無碍)하여 하나도 아니며 다르지도 않으니 결국 비로자나 등이 체(體)는 같고 이름이 다르다고 하는 것이 통설이다.

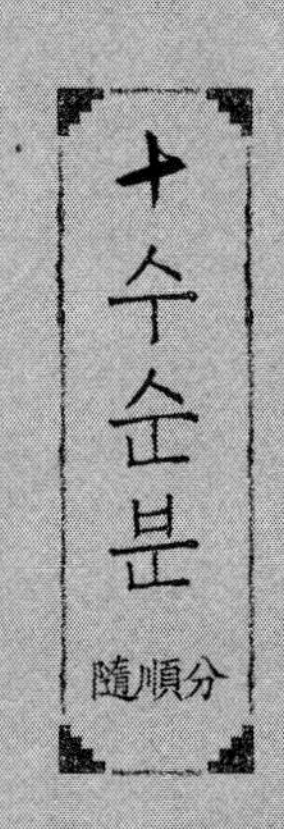
十 수순분
隨順分

선남자여, 또한 항상 중생을 수순한다는 것은 진법계 허공계 시방 세계에 있는 중생들이 가지가지 차별이 있으나 이른바 알로 낳는 것·태로 낳는 것·습기로 낳는 것·화해서 낳는 것들이 혹은 지수화풍[1]을 의지해 살기도 하며, 혹은 허공이나 초목에 의지해 살기도 하는 저 가지가지 생류와 저 가지가지 몸과 가지가지 형상과 가지가지 모양과 가지가지 수명과 가지가지 종족과 가지가지 이름과 가지가지 심성과 가지가지 지견과 가지가지 욕망과 가지가지 행동과 가지가지 거동과 가지가지 의복과 가지가지 음식으로 가지가지 마을이나 성읍이나 궁전에 처하며, 내지 모든 천룡팔부[2]와 인비인 등과 발 없는 것·두 발 가진 것·네 발 가진 것·여러 발 가진 것들이며, 형상 있는 것·형상 없는 것·생각 있는 것·생각 없는 것·생각 있는 것도 아니요 생각 없는 것도 아닌 이러한 여러 가지 중생들을 내가 다 수순해 가지가지로 받아 섬기며, 가지가지로 공양하기를 부모와 같이 공경하며 스승이나 아라한이나 내지 부처님과 조금도 다름없이 받들되, 병든 이에게는 어진 의원이 되고 길 잃은 이에게는 바른 길을 가리키고 어두운 밤중에는 광명이 되고 가난한 이에게는 보배를 얻게 하나니 보살이 이와 같이 평등히 일체 중생을 이익하게 하는 것이니라.

어떠한 까닭인가? 만약 보살이 능히 중생을 수순하면 곧 모든 부처님을 수순하며 공양함이 되며, 만약 중생을 존중히 받들어 섬기면 곧 여래[3]를 존중히 받들어 섬김이 되며, 만약 중생으로 하여금 환희심이 나게 하면 곧 일체로 하여금 환희하시게 함이니라. 어떠한 까닭인가? 모든 부처님께서는 대비심으로 체를 삼으시는 까닭에 중생으로 인해 대비심을 일으키고 대비로 인해 보리심을 발하고 보리심으로 인해 등각을 이루시나니, 비유하건대 넓은 벌판 모래밭 가운데 큰 나무가 있어 만약 그 뿌리가 물을 만나면 지엽이나 꽃이나 과실이 모두 무성하는 것과 같아서 생사광야의 보리수왕도 역시 그러하니, 일체 중생으로 나무뿌리를 삼고 여러 불보살로 꽃과 과실을 삼거든 대비의 물로 중생을 이익하게 하면 즉시에 여러 불보살의 지혜의 꽃과 과실이 성숙되느니라. 어떠한 까닭인가? 만약 보살들이 대비의 물로 중생을 이익하게 하면 곧 아뇩다라삼먁삼보리를 성취하는 까닭이니라. 그러므로 보리는 중생에 속하는 것이니 만약 중생이 없으면 일체 보살이 마침내 무상정각[4]을 이루지 못하느니라.

선남자여, 너희들은 이 뜻을 마땅히 이렇게 알지니, 중생에게 마음이 평등한 고로 능히 원만한 대비를 성취하며 대비심으로 중생을 수순하는 고로 곧 부처님께 공양함을 성취하느니라.

보살이 이와 같이 중생을 수순하나니 허공계가 다하고 중생계가 다하고 중생의 업이 다하고 중생의 번뇌가 다해도 나의 이 수순은 다함이 없어 생각생각 상속하여 끊임이 없되 몸과 말과 뜻으로 짓는 일에 지치거나 싫어하는 생각이 없느니라.

復次 善男子야 言 恒順衆生者는 謂盡法界虛空界 十方刹海 所有衆生이 種種差別하니 所謂卵生胎生이며 濕生化生이라 或有依於 地水火風

而生住者며 或有依空과 及諸卉木 而生住者며 種種生類와 種種色身과 種種形狀과 種種相貌와 種種壽量과 種種族類와 種種名號와 種種心性과 種種知見과 種種欲樂와 種種意行과 種種威儀와 種種衣服과 種種飮食으로 處於種種村營聚落城邑宮殿하며 乃至 一切天龍八部人非人等과 無足二足과 四足多足과 有色無色과 有想無想과 非有想 非無想인 如是等類를 我皆於彼에 隨順而轉하며 種種承事하며 種種供養호대 如敬父母하며 如奉師長及阿羅漢하야 乃至如來로 等無有異하야 於諸病苦에 爲作良醫하며 於失道者에 示其正路하며 於暗夜中에 爲作光明하며 於貧窮者에 令得伏藏하나니 菩薩이 如是 平等饒益一切衆生하나니라 何以故오 菩薩이 若能隨順衆生하면 則爲隨順供養諸佛이며 若於衆生에 尊重承事하면 則爲尊重承事如來며 若令衆生으로 生歡喜者면 則令一切如來로 歡喜니 何以故오 諸佛如來는 以 大悲心으로 而爲體故로 因於衆生하야 而起大悲하며 因於大悲하야 生菩提心하며 因菩提心하야 成等正覺하나니 譬如曠野沙磧之中에 有大樹王커든 若根得水하면 枝葉華果 悉皆繁茂인달하야 生死曠野의 菩提樹王도 亦復如是하야 一切衆生으로 而爲樹根하고 諸佛菩薩로 而爲華果하니 以大悲水로 饒益衆生하면 則能成就諸佛菩薩智慧華果니라 何以故오 若諸菩薩이 以大悲水로 饒益衆生하면 則能成就阿耨多羅三藐三菩提故니라 是故로 菩提는 屬於衆生하니 若無衆生이면 一切菩薩이 終不能成無上正覺하나니라 善男子야 汝於此義에 應如是解니라 以於衆生에 心平等故로 則能成就圓滿大悲하며 以大悲心으로 隨衆生故로 則能成就供養如來하나니라 菩薩이 如是隨順衆生하야 虛空界

盡하며 衆生界盡하며 衆生業盡하며 衆生煩惱盡하야도 我此隨順은 無有窮盡하야 念念相續하고 無有間斷하야 身語意業에 無有疲厭이니라

강의

一. 수순중생의 근본 의미

◎

행원의 아홉째는 모든 중생들을 수순하는 것이다. 수순이라 함은 그의 뜻을 거슬리지 않으며 그의 뜻을 받들고 필경 그의 참된 이익을 도모하는 일이다. 받들어 섬기고 공양하고 이롭게 하는 그 모두가 수순이다. 경에는 중생을 수순함으로써 여래의 무량 공덕이 성취되고 무상정각을 성취한다 하였으니 이 중생을 수순한다는 법이 어떤 의미를 갖는 것일까?

중생을 수순하는 데 있어서 먼저 알아둘 것은 가지가지의 중생의 차별에서 중생을 차별하지 않는 것이다. 모든 중생의 마음이 평등함을 의미한다. 그리고 모든 중생의 마음이 평등하므로 거기에는 일체 중생을 자기와 차별하지 않고 나아가 부처님과 차별하지 않는 뜨거운 마음이 생기는 것이니 이것이 대비심이다. 일체 중생을 평등히 보고 대비

심이 성취된 이것이 무엇이란 말인가. 이것은 바로 불보살의 마음이며 일체 중생의 청정한 마음 땅[心地]이다. 중생을 수순한다는 것은 바로 이러한 마음을 열어 쓰는 것이며 이러한 깊은 마음으로 일체 중생을 감싸고 성숙케 하는 것이며 이것이 모든 부처님께 참된 공양을 올리는 것이 된다.

그러므로 '수순중생'에 있어 중생은 중생이 아니다. 청정 불심의 내용이며 청정 불심의 자성 분별이라 할 것이며 수순은 일체 중생에서 청정 불심을 실현하는 것이다. 여기에는 가히 버릴 중생이 없으며 중생이 높일 불보살이 없으며, 온 법계 일체가 청정 법성이 크게 활동하고 크게 자재하며 크게 위신력을 떨치고 있는 것이다. '수순중생'이 이러한 의미를 갖는 것이므로 그 공덕은 말할 방법이 없다.

二. 일체 중생의 마음이 평등하다

◎

우리 주변에는 수많은 중생들이 살고 있다. 낳는 형태로 말하면 태·난·습·화 4생[5]이 있다. 그리고 그것들이 가지가지 형태로 살고 있다. 몸이 있는가 하면 없기도 하고 땅에 의지하고 초목에 의지하고 또는 허공에 의지해서 살기도 한다. 그 형상과 몸의 형태의 차별은 말할 것도 없지만 그 수명 또한 천차만별이다. 가지가지 종족들이 가지가지 지역과 나라에 흩어져 산다. 마음이 착하고 어진 사람이 있는가 하면 탐욕스럽고 간특한 사람도 있다. 중생들의 생활 양태도 천만 가지고 생활 환경도, 자연적·문화적·인위적 상황도 가지가지다. 야만적 생활이 있는가 하면 고도의 문명생활, 그 중에는 제왕도 있다. 저들이 가지고 있는 생각이나 사상도 사람 수효만큼이나 여러 가지가 있다. 그런데 행원행자는 이들 중생을 일체 차별하지 아니하고 평등하게 대하며 오직 저들의 안락과 완전한 성숙을 위해 받들고 섬기는 것이다.

三. 극복되어야 할 차별심

보살이 수순할 중생들은 많기도 하다. 앞에서 본 바와 같이 경에는 온갖 방법으로 중생을 분류해 가며 그 모두를 수순한다 하였다. 그러한 중생은 우리가 감각기관으로 알 수 있는 것도 있고 그렇지 못한 것까지도 포함하며 그들의 가지가지 마음 씀씀이나 행동에 상관없이 수순한다 하였다. 우리들은 착한 욕심, 범부로서 정상적인 욕망, 범부로서 행할 수도 있는 행동의 범위까지는 그래도 받든다 하지마는 그러한 범위 한계를 벗어나 어떠한 괴벽하거나 파괴적인 것이나 의도적 악심, 악행을 일삼는 중생까지도 수순하는 것이다. 우리는 이 점을 주의깊게 새겨야 한다. 그냥 쉽게 지나칠 수 없는 대목이다.

또 오늘날 우리의 현실 세계에서 가장 극적인 대립은 생활이나 문화나 이해의 대립보다 더 큰 대립이 있다. 그것은 사상의 대립이며 지견의 대립이며 신념의 대립이다. 오늘날 세계에서 가장 심각한 문제는 이 사상과 신념과 종교의 대립이다. 이 대립 앞에는 높은 명분을 붙들고 확신을 가지고 진리니 정의니 하는 신조를 내세워 대립과 갈등을 쉬지 않는다.

그것이 개인 사이에서 그치는 것이 아니라 한 국가, 한 지역 내지 세계를 쪼가리로 내어 가며 항쟁하고 고집하며 화해를 모른다. 크고 작은 헤아릴 수 없는 전쟁들이 거기서 터져 나오고 수많은 불행과 형용할 수 없는 파괴와 인간 비애와 야만적인 행동이 그로부터 싹트고 계속되고 있다. 그런데 부처님께서는 이러한 심성·지견 일체를 차별하지 않고 수순하라 하신다. 이 얼마나 깊은 가르침인가. 이 얼마나 높으신 가르침인가. 이 얼마나 영원한 평화와 인간 심혼을 감싸 주는 대자비이신가.

우리들은 가지가지 명분을 내세워 고집과 대립과 항쟁을 합리화하고 정당화를 꾀한다. 이 가르침 위에서 우리는 이런 지말적 차별심에서 용감히 뛰쳐 나와야 할 것이다.

오늘날 세계 열강들은 한결같이 평화 번영을 소리높이 외치면서도 자기 주장과 자기 이익 앞에 상대방과의 타협을 그 방식으로 채택하고 있다. 그렇기 때문에 구호는 평화이지만 행동은 갈등·알력·투쟁이 계속될 수밖에 없다. 근원적으로 일체 중생·일체 심성·일체 욕행一切欲行이라는 현상적 차별에 걸리지 않는 넓고 깊은 지혜의 눈에서 세계를 보고 국토를 보고 중생을 보지 않는 한 전쟁의 악순환은 벗어나기 어려울 것이다. '보현행원품 수순장'에서 이에 대한 명쾌한 지혜를 보여주고 있는 것을 우리는 간과해서는 안 될 것이다.

四. 진리 속의 평화를 찾자

○

우리나라는 과거 역사 속에서 우리 겨레가 조국을 바로 지키지 못했기 때문에 짓밟히고 국권을 빼앗기기도 하였다. 그리고는 조국의 독립이라는 피맺힌 염원을 향해 온 겨레가 몸부림치는 노력을 기울인 결과 다행히 국제적 상황의 도움을 입어 일단 외국의 쇠사슬로부터 벗어났다. 그렇지만 국토의 반과 겨레의 거의 반에 가까운 수효가 조국의 실질적인 품안에 들지 못하고 국토의 분단은 날로 심화되고 있다.

오늘의 세대를 사는 대한의 겨레로서 개인적으로나 공적으로나 제1차적 지상목표는 조국 통일이라는 데에 일치한다. 이런 만큼 우리의 모든 목표와 가치는 조국의 통일에 집약되는 바, 그 방편으로서 그 방법이 어떠해야 하겠는가는 민족의 참된 지혜가 거기에 동원되어야 한다. 동족상잔 방법으로 국토의 통일을 운운하는 것은 자멸을 의미한다. 그러면 평화통일의 길이 무엇인가? 우리 한국은 조국이 홀로 있지 아니하고 세계 속에 존재하며 인류와 모든 중생과 우주와 함께하고 있다는 사실을 잊어서는 안 된다. 세계 속의 조국, 진리 안의 조국, 이러한 각도에서 조국의 평화통일을 내다보아야 한다.

'수순중생장'에서 우리는 세계평화를 향한 지혜를 발견하는 것이다. 세계평화 속에 조국의 평화가 있고 조국의 평화 속에 조국의 평화

통일이 있으며 세계평화와 조국의 평화통일에서 우리 겨레의 위대한 예지와 위력은 역사 위에 발휘되는 것이다. 우리는 일체 중생을 수순하는 지혜의 근거가 무엇인가를 착안하는 데서 중생을 수순하는 가능성이 열리는 것이며 중생을 수순하는 것을 저해하는 요인들을 근원적으로 해결하고 극복해 가는 것이다. 그렇다면 수순중생하는 행원의 입각처가 무엇이며 근원적으로 중생이란 무엇이란 말인가?

預. 중생은 여래성如來性의 분별상分別相

◎

행원의 입각처에 대해 서분에서 여러 차례 말한 바 있다. 그것은 제불의 근원이요, 일체 중생의 청정 자성이다. 이것을 구김없이 그대로 크게 내어 쓰는 것이 행원의 기본 성격이다. 중생은 행원의 눈으로 볼 때 이와 같은 청정 자성의 내용이다. 청정 자성이 지닌 무한공덕, 제불보살이 쓰시는 무한공덕, 이 모두를 개성으로 삼고 특징으로 삼으며 중생 하나하나는 이것으로 태어난 것이다. 중생들의 본래 면목은 부처님 마음이고 중생들이 가지는 천차만별의 개성들은 모두가 보살들의 무한한 공덕세계를 나타내 보인 것이다.

말하자면 불심이라는 높고 넓은 끝없는 꽃동산에 방긋방긋 피어

천만 가지 꽃들이 바로 중생이라는 말이다. 그러므로 중생들이 가지고 있는 가지가지 특징은 부처님의 마음바다에 핀 아름다운 꽃이다. 바르게 보면 부처님 마음속을 흐르는 무한청정 공덕이 오늘의 우리 세계에 가지가지 형태를 나투는 것이 중생이라는 말이다. 중생들은 중생이 아니요, 기실 여래의 청정 자성을 분별하는 것이라는 까닭이 여기 있다.

그러므로 그 중생 하나하나를 받들고 섬기고 수순하는 것이 어찌 제불보살을 받들고 섬기고 수순함이 아닐까. 중생 국토를 떠나 불국토가 없음을 여기서 말할 수 있다. 그리고 중생 하나하나가 지극히 소중하며 중생들이 제각기 가지고 있는 좋든 나쁘든 모든 개성들이 사실은 지극히 아름답고 순수하고 고귀한 것임을 알아야 한다. 거듭 말하거니와 중생이 중생이 아닌 것이다. 중생상이 중생상이 아닌 것이다. 중생세계가 중생세계가 아닌 것이다.

우리들은 이 가르침 속에서 자기를 대하고 이웃을 대하고 겨레를 대하고 인류를 대하고 중생을 대해야 한다. 이와 같이 대하는 마음이 보살의 수순이다. 자성의 청정함을 구체적으로 내어 쓰는 것이 된다. 이러할 때 어디에서 대립과 부조화와 내지 투쟁이란 것이 있을까. 끝없는 평화의 물결이, 끝없는 조화의 물결이, 끝없는 환희의 물결이 거기를 흐를 것이다. 온 세계와 온 중생이 한 몸이 되어 맑은 피가 돌 것이다. 왕성한 활기와 충천의 용기와 끝모를 환희가 파도처럼 크게 너울칠 것이다.

우리들 불자들은 여기 '수순장'에서 깊이 뉘우치고 다짐하는 바가 있어야 하겠다. 이 조국강토 위에 평화를 가져 오고 통일이 오게 하자면 무엇보다 행원과 수순을 배워야 한다. 수순을 배울 때 불화하고 불목하고 대립할 자가 없다. 모두가 형제며 한 몸이다. 내 고장 내 나라가 내 생명의 내용이며 그곳 모든 형제가 내 피를 함께 나눠 쓰고 있는 거룩한 생명이다.

여기에 어찌 대립과 투쟁이 있을 수 있을까. 거기에는 뜨거운 단결과 협동이 있을 것이다. 이와 같이 하여 겨레가 진리로 하나가 되고 나아가 세계를 진리로 꽃피우고 인류의 가슴속에 뜨거운 진리의 피가 함께 넘쳐 흐를 때 어느 곳에 다시 투쟁하고 정복할 적이 있겠는가. 중생이 일심이요, 세계는 일화一花라는 사실만이 현전할 것이 아니겠는가.

六. 어느 정도까지 수순하는가

◎

그 모든 중생을 수순하는 방법이 무엇일까?

경에는 "가지가지로 받아 섬기며 가지가지로 공양한다." 하였고 어느 정도까지 수순하는가에 대해 "부모와 같이 공경하며 스승이나 아라한이나 내지 부처님과 조금도 다름없이 받들고 섬긴다." 하였다.

부모님은 우리의 육신생명을 낳고 길러 주셨으며 스승님은 우리의 정신생명을 낳고 키우고 성숙시켜 주셨다. 육신생명은 유한이지만 정신생명은 영원한 것. 그런 까닭에 스승의 은혜는 무엇에도 비할 데 없이 존귀한 것이다. 그러한 스승 중에도 번뇌를 끊고 생사를 해탈한 아라한[6]은 스승 중에 스승이며 우리에게 마음의 밝음과 복을 함께 비춰 주신다. 그 중에도 다시 부처님은 우리와 세계의 모두를 키우고 성숙시키시는 큰 은혜이시니 우리가 은혜를 알고 감사해한다면 위의 부모님이나 스승님이나 아라한이나 부처님보다 더할 것이 없다. 힘을 다하고 마음을 다하고 정성을 다하고 생명을 다하고 끝없는 생애를 바쳐서라도 그 지극하신 은혜에 보답하고자 하는 것이다. 받들어 섬기고 공양한다 하여도 이보다 더할 수도 없다. 그런데 부처님께서는 일체 중생을 수순하기를 부모님이나 내지 부처님에게와 같게 한다 하였다.

왜 그래야 할까? 그것은 앞서 살펴본 바와 같이 중생이 중생이 아니며 중생이 자성의 분별이라는 사실에서 넉넉히 이해할 수 있다.

七. 수순의 구체적 방법

○

경에는 "병든 이에게는 어진 의원이 되고 길잃은 이에게는 바른 길을 가리키고 어두운 밤중에는 광명이 되고 가난한 이에게는 보배를 얻게 한다."고 말씀하셨다. 이 말씀은 중생을 수순하는 구체적 방법을 말씀하고 있거니와 여기서 우리는 불자의 사회적 역할의 근본 성격을 또한 볼 수 있다. 불자가 이 사회 속에 존재하는 이유, 불자의 집단인 교단이 사회에서 수행할 과업을 구체적으로 말씀하고 있다.

첫째는 병자에 대해 어진 의원이 되라고 말씀하신다. 병이라 하면 우선 신체적 고통을 가져 오는 육체적 부조화를 생각하지만 그에 못지않게 중요한 것은 정신적인 병이며 사상적인 병이며 마음의 병이다. 정신적인 병, 마음의 병이 뿌리가 되어 육체의 병이 나타난다는 것은 공지의 사실이다.

그러므로 어진 의원이 되자면 무엇보다 현실적 고통을 제거하고 육체를 정상적 건강으로 회복시켜 준다. 그리고 병을 유발시킨 원인을 분명히 일러 주어 마음속에서 병을 제거해야 하며 병을 성장시키는 정신적 · 생활적 요인을 없애도록 가르쳐 주어야 한다.

병에 대해 어진 의사가 되라는 말씀은 병을 알고 약을 쓴다는 것이니 중생들이 그릇된 생각과 행동으로 인해 그 마음이 거칠어지고 상처를 입고 응어리가 생김으로써 가지가지 불행이 생긴다는 사실을 잊어서는 안 된다. 그래서 불자는 모두가 이 수순중생의 가르침을 통해 어진 의원이 되어야 한다. 미워하고 불평하고 분노를 품고 또는 슬퍼하고 또는 실망함으로써 병의 싹은 커간다. 그러므로 미워할 사람이 없으며 모두와 함께 따뜻한 인정을 나누는 행을 알게 해야 한다. 원래부터 한몸이며 서로가 은혜로운 존재며 감사할 대상임을 알게 해야 한다. 그리고 필경 자신이 병들 수 없는 몸이며 원래 무병자임을 알게 해야 한다.

마음속에 끼친 병의 뿌리는 그것이 성장함으로부터 그 어두운 그림자를 사방에 나타낸다. 심성 위에 나타날 때는 불안과 갈등이 되고, 몸에 나타날 때는 고통이 되고, 환경에 나타날 때는 불행한 사고를 일으킨다. 그러므로 불자의 수순중생에서는 이들 모든 병을 알고 고쳐 주는 것이다. 육체적인 병이나 불행은 원인이 있는 것을 알아서 그 뿌리부터 제거해 주는 것이 보살의 수순이며 치료법이다. 원인적 치료를 못하는 의사는 임시적 조치 이상의 것이 아니다.

이 점에서 살펴볼 때 불보살은 참으로 대의왕大醫王이시다. 병고를 없애고 불행을 없애고 마음의 뿌리를 없애고 필경 무병강건 묘자재 본신을 회복시켜 주는 것이다. 예부터 이르기를 부처님의 말씀을 약방문이라 하며 묘약이라고 한다. 그 약은 받아 먹으면 무병강건해서 오십 세, 백 세 연명하는 것이 아니라 불사不死의 도리를 얻게 하는 불사약不死藥이다. 우리는 부처님의 말씀에서 불사의 묘방을 배우고 불사의 약을 마실 줄 알아야 한다.

그리고 이 병은 개인적인 병뿐만 아니라 사회적인 병, 집단적인 병도 포함한다. 이것은 정신적 · 사상적 · 구조적 병을 의미하는 것이지만 이 병들에 대한 대책이야말로 그 무엇에 못지 않은 불자의 일차적 책임이라 할 것이다. 오늘날의 개인적인 병고는 그 원인이 개인적인 것만이 아니다. 아니 그보다도 오늘날의 개인은 그 개인의 독자성을 잃고 있는 것이다. 사회적 · 구조적 힘의 체제에 속한 개인이다.

개인의 병고와 불행을 근본적으로 소탕하고 개인의 능력과 덕성을 원만히 키우기 위해서도 사회적 · 정신적 병의 제거는 불자에게 가해진 제일차적 과업임을 거듭 강조하고자 한다. 사회적 병의 치료는 사회 정화운동이며 사상적 각성운동이며 평화운동이다. 개아의 가치와 존재양태를 밝혀 주며 사회 번영의 원리를 제시해 이에 어긋나는 그릇된 사상과 제도와 사고방식을 뜯어 고쳐야 한다.

부처님의 법을 진실하게 행하고 진실하게 전하며 진실한 사회의 빛으로서 그 책임을 다하는 불자의 기대는 참으로 크다 하겠다. 그리고 오늘날의 사회적인 불안과 혼돈이 필경 불자가 그 사회적 책임을 다하지 않는 데서 왔다는 사실도 명심해야 할 것이다.

八. 바른 길을 가리켜라

◎

둘째로 길잃은 이에게는 바른 길을 가리키라 하셨다.

무엇이 바른 길인가? 생명의 길이다. 번영의 길이다. 평화의 길이다. 깨달음의 길이며 불국에 이르는 길이며 불심을 행하는 길이다. 오늘날을 방황의 시대라고도 한다. 길을 잃고 있다기보다 나아갈 목표를 잃고 있는 것이다. 개인은 생의 참된 의미를 잃어 버렸고 사회는 가치의 기준을 잃어 버렸고 역사는 그 방향을 잃어 버렸다. 참으로 방황의 시대요, 혼돈의 시대다.

길을 걸을 때, 다리의 힘이 좋거나 장비가 우수하거나 의욕이 왕성하거나 그 무엇에 앞서는 것이 목표에 이르는 바른 길이다. 목표를 잃었다면 그것은 오리무중이다. 길이 없는 것이다. 목표를 두고야 지름길도 있고 돌아가는 길도 있으며 험한 길도 있고 평탄한 길도 있는 법이다. 그런데 아예 목표를 잃고서는 부질없이 억센 팔다리의 힘과 우수한 장비를 소모해 가며 방향없이 정처없이 마구 몰아치는 수밖에 없다. 길가는 자에게 이보다 더 큰 위기가 있는가?

그런데 이러한 위기에 처해 있다는 사실을 안다면 다행이다. 그것마저 모르는 데서 문제가 있다. 육체만을 자기로 알고, 물질의 축적이 가장 안전한 일신안보책으로 알고, 패당의 조직화를 최상의 안전보장책으로 착각하는 중생세계는 실로 기막힌 '길잃은 상태'이다. 불자들은 먼저 중생들이 미혹하고 있다는 것을 가르쳐 주어야 한다. 목표를 잘못 설정하고 있다는 것을 깨우쳐 주어야 한다. 그러므로 자각운동을 향한 사상운동의 전개는 불자의 근본과업의 하나이다.

다음에 미혹을 깨우쳐 줄 뿐만 아니라 바른 길을 가리켜 주어야 한다. 오늘날 이 세대가 길을 잃고 있다는 것을 깨우쳐 줄 뿐만 아니라 '이것이 바른 길이다' 하고 일러 주어야 한다. 시대와 역사와 사회에 대해 그 상황을 진단하고 처방을 내야 한다. 시대와 사회와 사상에 대해

정견의 안목에서 진단하지 못하고 처방하지 못한다면 그런 종교가 이 땅에서 하는 일이란 무엇이란 말인가.

길은 여럿 있다. 개인의 마음이 갈 길도 있고, 개인이 행하는 길도 있다. 여러 사람이 함께 가는 양심의 길도 있고 기나긴 역사가 함께 흘러갈 평화와 정의의 길도 있는 것이다. 국가가 부강해질 길도 있고 한 단체나 조직이 흥왕할 길도 있다. 손수레가 가는 길도 길이며 기차가 가는 길도 길이다. 그런데 이 길의 공통점이란 모두가 함께 승인하고 이해하며 모두와 함께 가고 있다는 점이다. 그래서 길은 그것이 마음의 길이든 고속도로이든, 모두가 함께 있고 함께 가고 있다는 공통성을 내포하고 있다. 그러므로 길이란 원래 바른 길일 수밖에 없다. 삿되고 나쁜 길은 길일 수 없는 것이다. 만인은 길에서 함께 있고 길을 감으로써 함께 성취와 번영이 있다. 바꾸어 말하자면 공통 동일의 길 위에서 우리는 평화와 번영을 약속받고 있으며 그 길에서 벗어날 때 불행이 오는 것이다.

그런데 이와 같은 우리가 함께 있는 길, 즉 참된 존재방식과 번영의 방식을 바로 아는 것, 이것이 바른 길을 가는 것이라고 할 수 있다.

九. 물질주의와 이기주의

○

우리는 서로 함께 어울려서 존재하는 것이며 결코 개아로서 독립해서 존재하는 것이 아니다. 이 길에서는 서로가 앞서거니 뒤서거니 함으로써 번영의 피안에 통해지는 것이다. 하나의 원리 위에 하나의 이치를 함께 쓰고 함께 다스림을 받으며 함께 성공을 실현해 간다. 이것이 길이 아닌가. 이것이 만인이 추구하는 길의 원리가 아닌가.

그렇다면 이에 어긋나는 사고방식이나 행위는 길이 아니다. 불행에 이르는 길이며 파멸에 이르는 길이며 사회나 역사를 욕되게 하는 길이다. 그것은 무엇일까? 다름아닌 물질주의적 이기주의다. 육체나 물질로써 자기를 삼음으로써 일체 이웃과 일체 자연과 진리와 대립한다. 그리고서 육체적 개아를 고집한다. 존재는 물질이며 가치는 물질이다 하는 논리가 거기서 나오는 것이다. 이러한 물질주의적 입장에서 이기주의적 행동과 팽창기술이 거기서 퍼져가는 것이다.

이래서 바른 길을 역행하는 최대의 악덕은 물질주의와 이기주의라고 규정하는 것이다. 이것들은 인간 미망의 틈에서 싹트는 독버섯이다. 그래서 3천년 전에도 왕성히 솟아났고 역사를 흐르는 틈틈이 처처에서 미혹의 계절과 상황에 따라서 발호하였다. 그것이 오늘날에 이르러서는 엄청나게 기승을 부리고 있다. 이기주의나 물질주의의 독버섯은 인간 존재와 번영의 원리를 근본적으로 역행하는 것이므로 거기에서는 인간 불행과 파멸만을 가져온다.

오늘날 세대는 팽대하는 물질주의 · 이기주의적 풍조 속에서 중대한 위기를 맞고 있다. 인간은 물질의 생산도구가 되었고 인간의 동물성을 성화하게 되었다. 그리고서 그 결과는 수많은 생령들이 압제와 공허 속에 신음하고 있다. 현대인의 불안과 공허 · 방황 · 황폐한 심성과 갈등, 그 모두가 물질주의와 이기주의에 연유하고 있는 것을 본다. 따라서 불자가 일어서서 싸워야 할 것은 바로 인간 암흑을 조성하는 근원적 미혹과 그에 뿌리한 사상체계이다.

이 점은 인간에 있어서 근원적인 것이다. 미혹에 대한 투쟁이기 때문이다. 석가모니 부처님께서도 바로 이에 대한 처방과 교화활동으로 이 땅 위에 불법과 교단을 성립시켰던 것이다.

十. 시대의 조명자照明者 역사의 향도자

'수순중생장'에서 말씀하신 '바른 길을 가리킨다'는 법문만큼 우리의 눈을 자극하는 것도 드물 것이다. 불자가 '바른 길'을 가리키는 '불법의 행동자'가 되라는 말씀이기 때문이다.

'가리킨다'는 것은 알도록 길을 일러 주는 것이다. 그것은 말과 몸짓으로만 길을 가리키는 것이어서는 안 된다. 불자는 모름지기 역사 속에서 진리의 조명자가 되어야 한다. 그뿐만 아니라 현실적 향도자가 되어야 한다. 시대와 역사의 현실을 진리의 거울에 비추어 보고 '이것은 진리이다' '이것은 진리의 길이 아니다'라고 명확하게 판단해야 한다. 그것은 진리에 비추어 보아 그릇된 것을 고발할 수도 있다. 그러나 불자는 고발적 증언 이상의 것이어야 한다. 무엇보다 역사적 현실 위에 진리의 본분을 명확히 드러내야 한다. 진리의 태양이 소소히 밝고 역사적 현실이 그 햇빛 아래 뚜렷이 드러날 때 거기에는 말을 넘어선 증언과 고발과 격려와 처방이 함께 있는 것이다. 이것을 역사를 비추는 거울이라고 말한다.

동시에 불자는 이러한 진리의 조명자 이상의 행동자여야 한다. 현실에 대해 비판하고 고발하는 것을 넘어서 바른 길을 스스로 실천하며 행해야 한다. 비진리에 대한 항거나 모순적 현실에 대한 부정이 아니라 진리에 의한 긍정적 측면을 실천해 나아가는 것이다. 이 긍정적 측면을 힘써 실천한다는 것은 비판이나 부정보다 몇 곱이나 차원을 달리하는 건설적 힘이 있으며 사회적 안정이 있는 것이다. 불자가 바른 길을 일러 준다 하여 긍정적이며 건설적 실천이 없이 한낱 비평과 부정과 항거에 그친다면 그것은 불자가 아니다. 역사적 현실을 담당한 주체적 책임자가 할 일이 아닌 것이다. 역사와 시대에 대해서 바른 길을 일러 주는 불자는 진정 사회의 향도자가 되어야 한다는 이유가 여기 있다.

이 점에 있어서 우리 한국 불자[7]들의 지난 날을 돌이켜볼 때 한편 긍지도 없지 않으나 부끄러움 또한 크다. 국가와 사회에 있어 '바른 길을 가리키는 자'로서 책임을 다하였는가? 사회의 '향도자'로서 얼마만한 실천이 있었던가? 또한 오늘날 이러한 책임을 수행할 불자와 교단 내에 각오와 준비가 어느 정도 되어 있는가?

거기에는 뜨거운 반성과 함께 새로운 각오와 앞으로의 다짐할 부분이 더 많은 것을 인정하지 않을 수 없으니 유감이다.

十一. 마음을 밝히는 광명

◎

다음에는 '어두운 밤중에는 광명이 되고'라고 하였다. 보살은 '어두운 밤중'의 광명이다. 무엇이 '어두운 밤중'이란 말인가? 그것은 한낱 물질적 유형의 광명의 부재를 의미하는 것이 아니다. 마음의 어둠이요, 사회적 어둠이요, 세계적 어둠이다. 마음이 마음이 아니라 불성인 자성이다. 원래는 이 자성에 어둠이 있을 리 없다. 불의가 있을 리 없고 투쟁이 있을 리 없다. 그렇지만 범부 중생들은 투쟁이 있고 불행이 있고 어둠이 있다. 그것은 미혹이 근원이다. 미혹이 근원이 되어 가지가지 생각과 행동과 견해가 쌓이게 되고 다시 그것이 누적되어 중생의 어둠, 사회적 어둠은 더욱 짙어가는 것이다. 육체를 지상 가치로 보고 이로움과 해로움을 분별해 그 속에서 사랑도 생기고 미움도 투쟁도 고통도 밀려오는 것이다.

그러므로 '어둠'을 제거하자면 먼저 중생의 마음속의 어둠을 몰아내야 한다. 무지와 야욕에 사로잡힌 생각을 돌려 밝고 따뜻한 자성 공덕으로 돌아오게 해야 한다. 마음을 밝게 쓰고 착하고 청정하고 넓고 활기 있게 가져야 한다. 이해와 우정으로, 진리와 평화로, 희망과 용기로 그 마음에 가득해야 한다. 이로써 마음에는 밝음이 차 온다.

사회적 어둠은 필경 마음의 어둠이 뿌리가 되는 것이므로 마음이 밝아질 때 사회적 · 구조적 어둠은 자취를 감춘다. 사회적 어둠이란 무엇인가? 그것은 이기주의와 물질주의다. 이것이 근본이 되어 반사회적 · 반도덕적 악들이 속출하는 것이다. 대립하고 파당을 모으고 음해 투쟁하며 사회적 혼란과 불안 침체를 불사한다. 경제적 부조리라든가 정치적 부조리라든가 사회적 범죄들은 모두가 이런 데서 싹이 트고 성장하며 온 사회에 먹구름을 확산시키는 것이다.

불자는 모름지기 이러한 사회적 어둠을 소탕할 책임을 느껴야 한다. 그러면 그 방법이 무엇일까? 다른 것이 없다. 인간 생명의 존엄과 참 의미를 밝혀 주어야 하며 우애와 협동과 신뢰의 기풍을 불러 일으켜야 한다. 그리고 인간 신성, 인간 존엄의 가치가 실현되도록 해야 한다.

실로 사회적 어둠의 제거는 중대한 문제다. 개인은 구조적 · 조직적 사회 속의 개인으로서 사회의 압도적인 힘 앞에 거의 자율성을 잃고 만다. 사회의 암흑에 깨어져 사회적 정의의 청정과 진실이 확보되지 않을 때 도도히 흐르는 사회악의 물결 속에서 개인이 홀로 등불을 지키고 청정을 지켜가기란 참으로 어렵다.

사회는 하나의 힘의 조직으로서 개인 위에 군림한다. 이것이 생명을 밝게 돕는 기구라면 몰라도 그렇지 못하고 무궤도한 야심과 미혹의 산물일 때 거기에는 중대한 위기가 있다. 불자는 개아 교정, 개인 구제를 완성하기 위해서라도 개인이 개인이 아님을 착안해 비진리적인 사회의 장치로부터 중생을 옹호하고 인간 역사의 신성을 지켜가도록 해야 할 것이다.

사회 제도는 인간 생명을 키우는 제도여야 하며 인간의 존엄을 보장하고 발전시키는 제도여야 한다. 그러면 어떤 것이 인간 생명의 존엄을 확보하고 발전시킬 제도일까? 이것은 현대 불자에게 주어진 최대의 과제임을 지적하는데 그치겠다. 사회적 어둠의 제거를 통해서 그대로 인간적 마음의 어둠이 제거될 수 있다고 생각하는 것은 속단이다. 사회는 인간에 있어 그것이 조건일 뿐 인간 자체는 아니다. 인간 자체가 능동적으로 밝아지는 것이 가장 중요하다. 밝은 역사를 이룩하고 밝은 국토를 성취하고 밝은 인간을 이룩한다는 관건이 이 점에 있는 것을 명념해야 하겠다.

十二. 빈궁자에게 보배를 주라

◎

현실세계에서 빈궁만큼 고통스러운 것도 없다. 그러기에 위정자는 빈궁을 타파하는 경제 시책에 중점을 두고 종교인들도 빈궁을 이기는 도리를 설하지 않는 자 없다. 물질적 기초요건을 담당하는 물질조건의 결핍은 실로 중대한 문제다.

빈궁한 자를 구제한다고 먹을 것과 돈을 주는 것이 우선은 모면될지 모르나 그보다는 빈궁자에게 일을 주고 정당한 보수를 보장하며 낭비를 제거하는 마음을 가르치고 희망과 용기와 기술을 주는 것이 보다 근본 대책이다.

빈궁의 원인을 보면 농민에겐 농토가 없거나 노동자 · 기술자에겐 직장이 주어지지 않을 때이고, 벌어도 수입이 물가 상승을 따르지 못해 가계에 적자를 가져 오는 때도 있고, 또는 정당한 노동의 대가를 받지 못할 때도 있을 것이다. 빈궁에서 벗어나려면 이러한 사회적 · 경제적 장애가 제거되어야 하지만 그에 못지않게 중요한 것이 또 하나 있다. 그것은 거듭 말하지만 건강한 정신과 끊임없는 기술의 향상이다.

오늘날 세계는 고도성장을 향해 온갖 노력을 기울이고 있고, 우리나라의 경우 고도산업사회를 앞두고 분배의 정의, 복지지상의 경제시책 등이 많이 논의되고 있다. 그러나 빈궁을 몰아낼 풍요가 갖는 의미는, 단순한 물질적 축적과 공급의 안정에만 있는 것이 아님을 알아야 한다. 무엇을 위한 빈궁 타파며 풍요의 추구인가를 생각해야 한다. 필경 인간을 위한 부富의 추구가 아닌가. 인간이 형성되지 못할 때 부는 아무 의의가 없다. 오히려 풍요와 안락이 인간성을 좀먹고 나태와 부패를 조장한다면 이것은 없는 것만 못한 것이다.

그러므로 보살이 빈궁을 몰아내는 사업으로는 먼저 참된 인간을 일으켜 세우며 그 인간성을 풍성히 하는 것을 잊지 말아야 한다. 이 위에서 기술의 습득도 수입의 보장도 복지의 증진도 의미가 있는 것이다.

그러면 부가 성취되는 원리는 무엇일까? 그것은 마음의 문을 열고 구체적으로 완성된 목표를 마음속에 확정하고, 다음에 왕성한 의욕으로 활동을 계속하는 것이다. 마음을 열고, 목표의 완성을 마음에 확정하고, 지속적이며 왕성한 활동, 이 세 가지가 성취를 가져 오는 원리다. 마음을 여는 것은 부처님을 향하고 진리를 따르며 이웃에게 따뜻이 베풀어 주는 마음이고, 완성된 신념이란 목적하는 바 일에 성취를 완전히 이루어진 상태로 마음속에 확정하고 마음속 깊이 간직하는 것이며, 지속적 노력이란 목표를 향한 왕성한 활동이다. 실패나 좌절을 생각하지 않고 어떠한 역경에도 희망과 성공의 신념을 놓지 않고 어떠한 시간이나 상황에도 몸과 마음으로 끊임없이 추구하는 이것이 필경에 결실을 가져 오게 하는 원리다.

보살이 빈궁을 몰아내고 빈궁자에게 길이 쓰고 남을 보배창고를 준다 하는 것은 태산 같은 다이아몬드를 준다는 뜻으로 알아서는 안

된다. 상술한 바와 같이 현실적 빈궁 추방과 함께 영원한 부의 창조의 원리를 가르쳐 주는 데 있는 것이다. 이것이야말로 재난 받지 않고 어떠한 시간이나 어떠한 경제 사정하에서나 어떠한 국토에서나 영원히 쓰고 남을 무진장의 부의 제조기계인 것이다.

十三. 중생을 수순하는 공덕

◎

중생을 수순하면 어떤 공덕이 있는 것일까? 이에 대해서는 수순의 원리를 설명하면서 대강 말한 바 있다.

경에는 "능히 중생을 수순함은 곧 모든 부처님을 수순하며 공양함이 되고 만약 중생을 존중히 받들어 섬기면 곧 여래를 존중히 받들어 섬김이 되며 만약 중생으로 하여금 환희심이 나게 하면 곧 일체 여래로 하여금 환희하시게 함이니라."고 하셨다.

부처와 중생이 둘이 아니라 중생은 부처의 내용이라 하였다. 청정한 제불경계에서 무단히 망념을 일으켜 중생이 되었으며 그 자체는 일찍이 중생이 아닌 것이다. 실로 망념은 착각이요, 없는 것이기 때문이다. 중생은 부처가 미해 꿈꾸고 있는 상태이며 꿈속에서 어지러이 놀아나고 아파하고 있는 것이다. 중생의 바탕이 이런 것이므로 그를 받들어 섬기고 그를 위해 이바지하고 그를 환희하게 하며 그의 미혹을 깨뜨려 성숙시킨다는 것은 바로 모든 부처님께 공양하며 모든 부처님을 받들어 섬기게 되는 것임은 너무나 당연하다.

제불을 수순하고 공양하고 섬기고자 할진대 마땅히 중생을 섬기고 공양하고 받들어야 한다. 제불공양이 중생공양이요, 중생공양이 제불공양이란 말은 이런 데서 오는 것이다.

十四. 중생 없이 성불 못한다

○

중생공양이 제불공양이라는 데 대해 경에는 다음과 같이 말씀하고 있다.

"모든 부처님은 대비심으로 체를 삼는 까닭에 중생이 있으므로 대비심을 일으키고 대비심[8]으로 인해 보리심을 발해 정각을 이룬다." 즉 모든 보살은 중생 때문에 대비심을 일으키고 대비심 때문에 보리심을 발해 성불한다는 것이니 중생이 없으면 일체 보살이 성불할 수 없다는 논리가 여기서 나온다.

경에 보이는 비유와 같이 어떤 모래밭 가운데에 있는 큰 나무가 뿌리에 물을 만나면 지엽과 꽃과 과실이 무성한 것처럼 중생은 나무뿌리요, 불보살은 꽃과 과실이니 대비의 물을 나무뿌리인 중생에게 부으면 불보살인 꽃과 과실이 무성하고 향기로울 것은 정한 이치다. 대비수로써 중생을 이익하게 하는 이 한 가지가 중생을 수순하는 것이며 제불을 탄생시키고 제불을 환희하게 하는 것을 능히 알 수 있다. 그렇기 때문에 '보리는 중생에 속하였다' 하는 것이다. 중생이야말로 보살을 성숙시키고 깨달음으로 인도하며 일체 중생을 성불시키는 관문이다. 제불보살의 신력과 자비의 지혜방편을 중생 자체로서 구족하게 갖추었으니 중생을 받들어 수순하는 이 법문이 삼세제불을 출생시키고 일체 국토를 성취시키는 길이 어찌 아니랴.

축복 받을지라 중생이여, 보리는 그대에게 속했어라.
그대는 시방제불의 뿌리이니
대비의 물로 능히 불보살의 위덕을 장엄하네.
진세에 던져진 불멸의 복전, 그대여 보살의 영원한
임이로다.

◎

'수순중생장'을 거두면서 한마디만 더하겠다.

중생이 원래 나 밖에 있는 중생이 아니요, 내 자성의 한 내용이라는 사실을 거듭 명념해야겠다는 것이다. 그렇기 때문에 중생은 자성분별이라고 한 것이다. 그러므로 중생을 받들고 수순하며 공양한다는 것은 남을 받들고 공양하는 것이 아니다. 실제로는 자기 공양이며 자기 성숙이며 자기 성장이다. 수순한다는 것은 원래 저의 이익을 내가 이룩해 주는 것을 의미하는 것이니 자타가 둘이 아니며, 참 자기에 있어서는 자타가 원융하며 그 사이를 분별할 수 없는 청정한 자성만이 있다. 자타가 없고 모두가 한 생명 속에 화합하고 기뻐하고 협동하고 성장하는 것이 수순이니 앞서부터 '수순은 자성 청정의 실현'이라고 말한 이유가 여기 있다.

보살이 이와 같이 중생을 알고 이와 같이 수순을 배우는 데서 중생은 성숙되고 보살은 최상 공양을 행하는 것이 되고 우리의 주위 환경 내지 세계와 진리가 원만히 실현된 청정불국이 되는 것이다.

보살이 수순을 배움으로써 이 세상 천지만물과 더불어 화합하고 협동하며 기쁨을 함께 한다. 보살이 수순을 배우므로 온 세상 누구와도 결코 대립하거나 불화 불목하거나 투쟁이 있을 수 없는 것이다. 불안에서 벗어나고 궁핍에서 벗어나 평화롭고 풍요하고 청정한 생활과 국가사회를 이룩하자면 이 점에서 특별히 배워야 한다.

능력을 개발하고 투쟁력을 강화한다고 사회의 발전이 있는 것은 아니다. 투쟁은 마찰이고 개인적·사회적 손실이다. 서로 돕고 상대를 위해 주는 것으로 자기 성취를 삼는 수순의 정신이 인간을 무한대로 확대시키고 숨은 능력을 발휘하며 평화 번영의 국토가 이룩되는 것이다. 경쟁은 대립적 경쟁이 아니라 이웃과 대중을 받들고 수순해 최대의 자비 봉사를 하는 것으로 표적을 삼아야 한다. 여기에 어찌 투쟁이 있을 것인가? 오직 우애 · 협동 · 번영 · 환희만이 있는 것이다.

우리는 참된 자기를 배반하고 자기와 사회를 불행으로 몰고가는 이기주의적 경쟁 · 대립 · 투쟁의식을 없애야 한다. 우리 모두 수순을 배우는 보살이 되어 이 땅에 보살도의 성취와 보살국의 영광을 구현해야 할 것이다.

1

지수화풍(地水火風) : 사대(四大) 또는 사대종(四大種)이라 하니 네 가지 대종이다. 대종은 범어 마하부타(mahā-bhūta)의 번역인데 모든 색법(色法), 즉 물질의 소의(所依)의 뜻, 바꾸어 말하면 물질을 구성하는 원소가 이 지수화풍이다. 사대는 각기 견(堅) · 습(濕) · 난(煖) · 동(動)을 본질로 하며 지(持) · 섭(攝) · 숙(熟) · 장(長)을 그 작용으로 한다.

2

천룡팔부(天龍八部) : 불법을 수호하는 제신이다. 용신팔부 또는 팔부중이라고도 하는데 천(天) · 용(龍) · 야차(夜叉) · 건달바(乾婆) · 아수라(阿修羅) · 가루라(迦樓羅) · 긴나라(緊那羅) · 마후라가(摩睺羅伽) 등이다.

3

여래(如來) : 범어의 타타가타(Tathāgata)로서 다타아가도(多陀阿伽

度)라고 쓰기도 한다. 진리에서 오고 진여(眞如)에서 나타나신다는 뜻이니 바로 부처님을 가리킨다. 부처님에게는 열 가지 별명이 있는데 여래십호(如來十號)라고 한다. 응공(應供) · 정변지(正徧知) · 명행족(明行足) · 선서(善逝) · 세간해(世間解) · 무상사(無上士) · 조어장부(調御丈夫) · 천인사(天人師) · 불(佛) · 세존(世尊)이다. 이상이 십호인데 여래를 합하면 11호가 된다. 이 중 여래는 부처님의 총명(總名)이고 응공 이하 10호는 부처님의 덕을 나타내는 덕명(德名)이라 볼 수 있다.

4

무상정각(無上正覺) : 위없는 바른 깨달음이니, 바로 부처님의 깨달음이다. 이보다 위가 없는 깨달음이므로 무상이라 하고, 치우치고 삿됨을 여의었으므로 정(正)이라 하고, 진리를 깨달았으므로 각(覺)이라 한다.

5

사생(四生) : 생물이 나는 4종의 형식이니 태생(胎生-모태에서 태어나는 것, 사람이나 짐승 등) · 난생(卵生-알에서 태어나는 것, 새 종류) · 습생(濕生-습기에서 태어나는 것, 벌레 등) · 화생(化生-다른 것에 의탁해 나는 것이 아니고 스스로의 업력으로 홀연히 화해 나는 것으로 하늘이나 지옥 · 中有 등의 유정) 등이다.

6

아라한(阿羅漢) : 범어의 Arhan으로 줄여서 나한(羅漢)이라고도 한다. 응공(應供) · 살적(殺賊) · 불생(不生) · 무생(無生) · 응진(應眞) · 진인(眞人)이라 번역한다. 보통 해석으로는 성문도(聲聞道)의 최고의 깨달음을 얻은 자를 말하나 넓은 뜻에서는 대승 · 소승을 통해서 최고의 깨침을 얻은 자를 가리킨다. 응공(應供)이라 하면 공양에 응할 만한 가치가 있다는 뜻인데 응공 중 최승자를 대응공(大應供)이라 하고, 보통 부처님의 이명으로 쓴다.
살적(殺賊)은 번뇌의 도적을 아주 죽여 없앴다는 뜻이며 불생(不生) 또는 무생(無生)은 영원히 열반의 깨달음에 들어 다시는 미(迷)의 세계에 나지 않는다는 뜻이다. 이 응공 · 살적 · 불생을 아라한의 삼의(三義)라 한다.

7

불자(佛子) : 보살은 부처님의 가르침에 따라 자기도 부처님이 되어 힘써 불종(佛種)을 끊이지 않게 하므로 불자라 하고, 대승의 보살계를 받은 자, 불제자, 불교신자 또한 같으며, 다시 일체 중생은 부처가 될 불성(佛性)을 지니고 있고 다시 부처님이 친아들처럼 자애하신 마음으로 거둬 주시므로 일체 중생을 불자라 한다.

8

대비심(大悲心) : 대자대비심을 줄여 대비심이라고 흔히 부르고 있으나, 원뜻에는 자(慈)와 비(悲)가 각각 다른 뜻을 가지고 있다. 자는 범어의 마이트레야(Maitreya) 또는 마이트리(Maitri), 비는 카루나(Karunā)인데 중생을 사랑하여 즐거움을 주는 것[與樂]이 자, 중생을 불쌍히 보고 마음 아파하여 그의 괴로움을 덜어주는 것[拔苦]을 비라고 한다.
부처님이나 대보살이 중생의 고를 당신의 고로 함께 느끼는 것을 동체대비(同體大悲)라 하고 그 광대한 대비심을 무개대비(無蓋大悲) 또는 대자대비(大慈大悲)라 한다. 자비에 삼종이 있으니 ① 중생연(衆生緣)의 자비는 중생 각각에 대해 인연따라 일으키는 자비니 이것은 범부의 자비이며 소비(小悲)라 한다. ② 법연(法緣)의 자비는 제법은 아(我)가 없다는 진리를 깨달아 일으킨 자비로서, 아라한(阿羅漢)이나 초지(初地) 이상의 보살의 자비니 이것은 중비(中悲)다. ③ 무연(無緣)의 자비는 모든 차별의 견해를 떠나 일체 반연에서 오는 생각조차 없는 때에 일어나는 평등 절대의 자비로서 이것이 부처님의 대비(大悲)이다.

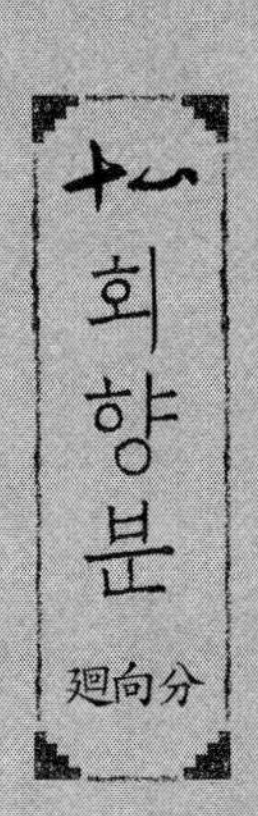
十心
회향분
廻向分

선남자여, 또한 지은 공덕을 널리 회향한다는 것은, 처음에 부처님께 예배하고 공경하는 것으로부터 중생을 수순하는 것까지의 모든 공덕을 진법계 허공계 일체 중생에게 남김없이 회향해, 중생으로 하여금 항상 안락하고 일체 병고는 영영 없기를 원하며, 악한 일을 하고자 하면 하나도 됨이 없고 착한 업을 닦고자 하면 다 속히 성취해 일체 악취의 문은 닫아 버리고, 인간에나 천상에나 열반에 이르는 바른 길을 열어 보이며, 모든 중생이 그 지어 쌓은 모든 악업으로 인해 얻게 되는 일체의 극중한 고보[1]는 내가 다 대신 받아서 저 중생으로 하여금 모두 해탈케 해 마침내 무상보리를 성취하게 하는 것이니라.

보살이 이와 같이 그 닦은 공덕을 회향[2]하나니 허공계가 다하고 중생계가 다하고 중생의 업이 다하고 중생의 번뇌가 다해도 나의 이 회향은 다하지 아니하여 생각생각 상속하고 끊임이 없되 몸과 말과 뜻으로 짓는 일에 지치거나 싫어하는 생각이 없느니라.

復次 善男子야 言 普皆廻向者는 從初禮拜로 乃至隨順의 所有功德을 皆悉廻向 盡法界虛空界 一切衆生호대 願令衆生으로 常得安樂하고 無諸病苦하며 欲行惡法이어든 皆悉不成하고 所修善業은 皆速成就하며 關閉一切諸惡趣門하고 開示人天涅槃正路하며 若諸衆生이 因其積集諸惡業故로 所感一切極重苦果를 我皆代受하야 令彼衆生으로 悉得解脫하야 究竟成就無上菩提케하나니 菩薩이 如是所修廻向을 虛空界盡하며 衆生界盡하며 衆生業盡하며 衆生煩惱盡하야도 我此廻向은 無有窮盡하야 念

念相續하고 無有間斷하야 身語意業에 無有彼厭이니라

강의

一. 회향이 무엇인가

◎

위에서 모든 부처님을 예경하는 것으로부터 많은 청정행원을 보았다. 예경하고 찬탄하고 공양하고 참회하며 내지 수순에 이르는 행들은 보살이 영원한 생명의 행임을 말했다. 그런데 이와 같은 광대한 행원이 비록 순수 무잡한 것이라고는 하나 그 행이 자기중심의 판단이기 쉽고 또한 행원의 목적을 장차 얻을 공덕에 관심을 두기 쉽다. 따라서 행원의 행 하나하나를 성실히 행하면서도 그것이 자기 수행을 위해서 한다거나 커다란 공덕을 바라고 한다거나 자기 견해에 떨어지는 것을 경계하지 않을 수 없다. 원래 행원은 청정 본연의 자성을 운전하는 것이며 그것을 구체적 현실 위에 구현하는 것이므로 그 성격은 절대적이며 무조건적이다. 그러므로 모든 보살의 행이 이와 같은 궁극 완전 무한의 실현으로 보장하는 데는 하나의 필수적인 장치가 있으니 바로 회향이 그것이다.

회향은 미소를 극대로 통하게 한다. 유한을 무한으로 통하게 한다. 유위有爲를 실성實性으로 바꾸게 한다. 상대적 공덕을 무한공덕으로 바꾸게 한다. 말하자면 작은 것을 큰 것으로, 한정된 것을 무한의 것으로, 속성적인 것을 전성적인 것으로 만든다. 회향이 있음으로써 보살의 모든 행은 행원으로 이어지는 것이다. 회향은 지극히 지혜로운 보살도 성취의 미묘한 장치이니 우리는 이 회향의 의미를 깊이 배워야 한다.

二. 회향하는 방법

◎

경에는 보살이 지은 바 모든 공덕을 "진법계 허공계 일체 중생에게 남김없이 회향한다."고 하였다. 피를 빼고 뼈를 부수며 고행하여 무한겁토록 닦아 이룩한 큰 공덕 모두를 자기라고 하는 한계 속에 묶어 두지 않는 것이다. 일체 중생에게 돌려주는 것이다. 내가 지은 공덕을 불보살님의 영광에 돌릴 뿐만 아니라 그것을 자기를 위하는 부모나 형제나 스승이나 이웃에게 돌리며, 자기를 어기고 세간까지 어지럽힌 모든 사람에게 돌리는 것이다. 목숨 바쳐 이룩한 공덕의 그 모두를 돌려주되 자기를 해코지하고 자기를 고통 속으로 몰아넣은 사람에게까지 평등하게 돌린다는 것, 이 어찌 그 숭고함을 말로 다하랴.

이 회향은 무차별 무조건 평등의 회향이지만 다시 중생 성숙 국토 성취의 지극한 원이 그 속에 담겨 있는 것이다. 그것은 내가 지은 공덕을 남김없이 회향하되 그 공덕으로 일체 중생이 항상 안락하기를 원한다. 나아가 저 중생들의 무상보리를 향한 길은 활짝 열리고, 깨달음에 어긋난 길을 가고자 하면 그 길이 끊어지고, 깨달음에 순한 착한 일을 하고자 하면 그 모두를 성취하기를 원한다. 저들 중생이 나아가는 앞길에 악한 일은 영영 없어지고 오직 인간과 혹은 천상, 열반에 이르는 길이 활짝 열리기를 구원하는 것이다. 진정 내가 지은 이 공덕으로 일체 중생이 고통에서 벗어나서 지혜와 안락의 바른 길에 이르도록 원하는 것이다.

그뿐만이 아니라 만약 중생 가운데 그가 지은 악업으로 인해 고통스러운 과보를 받게 될 때 그 과보를 내가 대신 받겠다고 나서는 것이다. 저 중생으로 하여금 고통의 수렁에서 벗어나게 하고 깨달음의 바른 길을 만나 마침내 무상보리를 성취하게 하는 것이니 이것이 회향이요, 보살의 길이다. 오직 중생만을 위해 그들을 육체적 · 정신적 고난과 어둠에서 건져줄 뿐만 아니라 완성된 국토 위에 그를 성취시키는 것이다.

이것이 회향이다. 고된 수행의 결과로 얻어지는 고귀한 공덕에 애착심을 두지 않고 오직 일체 중생의 이익만을 생각해 그 모두를 바치는 이것이 곧 회향이다.

○

첫째는 이기주의의 추방이다. 개아가 독립한 개인이 아니라 일체 세계 일체 중생과 더불어 한 몸이며 일체 세계 일체 중생을 떠나서 개아는 없다는 사실이다. 비록 행원과 같은 큰 수행이라 하더라도 그것이 자기 위주가 될 때 행원일 수 없고 참 수행일 수 없는 것일진대 그 밖에 이 끝을 노리는 사업들이야 말하면 무엇하랴. 콩 한 톨이라도 나누어 먹고 서로의 고통을 함께 나누며 서로의 행복을 서로 돕는 이것이 참된 인간의 길임을 다시 배우는 것이다.

둘째는 부의 사용과 그 가치다. 아무리 자기의 근검 절약과 노력의 결과로 얻어진 사회적 지위나 경제적 재화라 하더라도 그것을 독점해 자기 위주로 사용할 것이 아니라 사회를 위하고 공익을 위하고 온 인류를 위하는 차원에서 이용하고 사용할 때 개인의 참된 영광이 있다는 점이다. 그렇지 아니하고 자기가 번 돈이라 하여 제멋대로 사용한다고 보자. 오늘날의 우리 사회 일각의 어둠은 이런 데서 싹트고 있는 것을 보지 않는가.

부는 그것이 설사 자기의 창조적 활동의 결과라 하더라도 자기가 활동하는 사회와, 결과를 가져오는 과정과, 결과가 있는 오늘의 현실이 함께 그 결과를 붙들어 주고 있다는 사실을 잊어서는 안 된다. 그것을 생각지 않는다는 것은 사회적 보호에 대한 배반이며 사회적 협동의 성과에 대한 폭력이다. 더욱이 부富라는 성과를 행사하는 데 있어서 직접 이웃과 사회에 피해를 줌이랴.

셋째는 중생을 위하고 국가를 위하고 사회와 이웃을 위해 헌신하는 것이 참되고 자기를 아는 길이라는 점이다. 이기적 자기 충족을 먼저 하고 그 여력으로 사회적 공적 부담을 한다는 것은 자기 개인 중심의 욕구충족으로 만족을 삼는 것보다는 열 걸음 자기 충실이라고 말할 수 있겠으나, 그것보다는 아주 입장을 바꿀 것을 우리는 행원에서 배우는 것이다.

거듭 말해서 국가와 민족과 인류와 사회에 봉사하고 자기 활동의 모든 성과를 국가와 사회에 환원시키는 정신자세일 때 참된 개아의 부와 행복과 존경과 찬탄과 생의 보람이 있다는 점이다. 자기를 먼저 앞세울 것이 아니라 자기가 큰 생명이며 자기의 힘도 사업의 성공도 그 모두가 자기를 넘어선 큰 자아에서 오고 있다는 사실을 착안해야 한다.

이것은 이론이 아니다. 생명이 살아가는 현상이 그런 것이다. 모두와 함께하는 생명은 모두에게서 힘을 얻고 모두 속에서 성취하고 그 성과는 모두 속에 있는 것이다. 이 사실을 알고 모든 성과를 모두에 봉사할 때 참된 개아의 행복도 영광도 있는 것이다.

1

고보(苦報) : 괴로운 과보라는 뜻인데 범부가 자기에 밝지 못해 악한 업을 지어 고통스러운 과보를 받는 것으로 대개 지옥 · 아귀 · 축생 등 악도에 떨어지는 것이 큰 고보이고, 설사 인간에 태어났더라도 불구나 병이나 불여의보(不如意報)를 받는 것을 고보라 한다.

2

회향(廻向) : 회향(回向)이라고도 쓴다. 범어의 파리나마(pariṇāma), 자기가 지은 공덕을 중생이나 자신의 '보리'로 돌리는 것을 말한다.

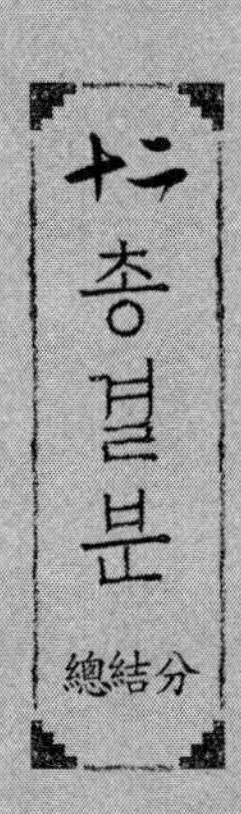
十二
총결분
總結分

선남자야, 이것이 보살 마하살의 열 가지 대원을 구족하고 원만하게 함이니 만약 모든 보살이 이 대원에 수순하여 나아가면 능히 일체 중생을 성숙함이며, 아뇩다라삼먁삼보리에 수순함이며, 보현보살의 한량없는 모든 행원을 원만히 성취함이니 이 까닭에 선남자야, 너희들은 이 뜻을 마땅히 이와 같이 알지니라.

만약 어떤 선남자 선여인이 시방 무량무변 불가설불가설 불찰극미진수 일체 세계에 가득 찬 으뜸가는 묘한 칠보[1]와 또한 모든 인간과 천상에서 가장 수승한 안락으로 저 모든 세계에 있는 중생들에게 보시하며 저 모든 세계에 계시는 불보살께 공양하기를, 저 불찰 극미진수 겁을 지내도록 항상 계속하고 끊이지 아니하여 얻을 공덕과, 다시 어떤 사람이 이 원왕을 잠깐 동안 듣고 얻을 공덕을 비교하면 앞에 말한 공덕은 백분의 일도 되지 못하며 천분의 일도 되지 못하며 내지 우바니사타분의 일에도 또한 미치지 못하느니라.

다시 어떤 사람이 깊은 신심으로 이 대원을 받아 가지고 읽고 외우거나 내지 한 사구게[2]만이라도 서사하면 속히 오무간업[3]이 소멸하며 세간에 있는 심신의 모든 병과 모든 고뇌와 내지 불찰 극미진수의 일체 악업이 모두 소멸하며 또한 일체 마군[4]과 야차[5]와 나찰[6]과 구반다[7]와 혹 비사시[8]나 부다[9] 등 피를 빨고 살을 먹는 모든 악한 귀신들이 다 멀리 달아나거나 혹 발심해 가까이 와서 친근하며 수호하리니, 이 까닭에 이 원왕을 외우는 사람은 이 세간을 지냄에 조금도 장애가 없어 마치 공중의 달이 구름 밖으로 나온 듯하니라.

그러므로 모든 불보살이 칭찬하시며 일체 인간이나 천상사람이 마땅히 예경하며 일체 중생이 마땅히 공양하리니 이 선남자는 훌륭한 사람 몸을 받아서 보현보살의 모든 공덕을 원만히 하고 마땅히 오래지 않아 보현보살과 같은 미묘한 몸을 성취해 32대장부상[10]이 구족할 것이며, 만약 인간이나 천상에 태어나면 난 데마다 수승한 종족 가운데 나며 능히 일체 악취는 다 없어지며 일체 악한 벗은 다 멀리하고 일체 외도는 다 조복받고 일체 번뇌에서 해탈하는 것이 마치 사자왕이 뭇 짐승들을 굴복시키는 것과 같아서 능히 일체 중생의 공양을 받아내게 되리라.

또 이 사람이 임종할 마지막 찰나[11]에 육근六根[12]은 모두 흩어지고 일체의 친족들은 모두 떠나고 위엄과 세력은 다 사라지고 정승 대신과 궁성 내외와 코끼리나 말이나 모든 수레와 보배나 재물 등 이러한 모든 것들은 하나도 따라오는 것이 없건만, 오직 이 원왕만은 서로 떠나지 아니하여 어느 때나 항상 앞길을 인도해 일찰나 동안에 극락세계[13]에 왕생하고, 왕생하고는 즉시에 아미타불[14]과 문수사리보살[15]과 보현보살[16]과 관자재보살[17]과 미륵보살[18] 등을 뵈옵고, 이 모든 보살들이 몸매가 단정하고 엄숙하며 구족한 공덕으로 장엄하고 계시거든 그때에 그 사람 스스로가 연꽃 속에 태어났음을 보게 되고, 부처님의 수기[19]를 받고 나서는 무수 백천만억 나유타 겁을 지내도록 시방의 불가설불가설 세계에 널리 다니며 지혜의 힘으로써 중생들의 마음을 따라 이익이 되게 하며, 머지않아 마땅히 보리도량에 앉아서 마군들을 항복받고 등정각을 성취하며 미묘한 법륜을 굴려서 능히 불찰 극미진수 세계의 중생으로 하여금 보리심을 발하게 하고, 그 근기와 성질을 따라서 교화해 성숙시키며 내지 한량없는 미래겁이 다하도록 널리 일체 중생을 이롭게 하리라.

선남자야, 저 모든 중생들이 이 대원왕을 듣거나 믿거나 하고 다시 받아 가지고 읽고 외우며 널리 남을 위해 설한다면 이 사람의 지은 공덕은 부처님을 제하고는 아무도 알 사람이 없나니 그러므로 너희들은 이 원왕을 듣고 의심을 내지 말지니라.

마땅히 지성으로 받으며 받고는 능히 읽고 읽고는 능히 외우며 외우고는 능히 지니고 내지 베껴 써서 널리 남을 위해 설한다면 이 모든 사람들은 일념 간에 모든 행원을 다 성취하며, 그 얻은 복의 무더기는 한량이 없고 가이 없어 능히 대번뇌 고해 중에 빠진 중생들을 제도해 마침내 생사에서 벗어나 아미타불 극락세계에 왕생하게 하리라.

善男子야 是爲菩薩摩訶薩의 十種大願具足圓滿이니 若諸菩薩이 於此大願에 隨順趣入하면 則能成熟一切衆生이며 則能隨順阿耨多羅三藐三菩提이며 則能成滿普賢菩薩 諸行願海이니 是故로 善男子야 汝於此義에 應如是知니라

若有善男子善女人하야 以滿十方無量無邊 不可說不可說 佛刹極微塵數 一切世界 上妙七寶와 及諸人天最勝安樂하야 布施爾所一切世界所有衆生하며 供養爾所一切世界諸佛菩薩호대 經爾所佛刹極微塵數

劫을 相續不斷한 所得功德과 若復有人하야 聞此願王 一經於耳한 所有功德으로 比前功德컨댄 百分不及一이며 千分不及一이며 乃至 優婆尼沙陀分에도 亦不及一이니라

或復有人하야 以深信心으로 於此大願을 受持讀誦하며 乃至 書寫一四句偈하면 速能除滅五無間業하고 所有世間身心等病과 種種苦惱와 乃至 佛刹極微塵數 一切惡業을 皆得銷除하며 一切魔軍과 夜叉羅刹과 若鳩槃茶와 若毘舍闍와 若部多等 飮血噉肉하는 諸惡鬼神이 皆悉遠離하며 或時發心하야 親近守護하리니 是故로 若人이 誦此願者면 行於世間호되 無有障碍 如空中月이 出於雲翳달하니 諸佛菩薩之所稱讚이며 一切人天이 皆應禮敬하며 一切衆生이 悉應供養하리니 此善男子는 善得人身하야 圓滿普賢所有功德하고 不久에 當如普賢菩薩하야 速得成就微妙色身하야 具三十二大丈夫相하며 若生人天하면 所在之處에 常居勝族하야 悉能破壞一切惡趣하며 悉能遠離一切惡友하며 悉能制伏一切外道하며 悉能解脫一切煩惱호대 如師子王이 摧伏群獸달하야 堪受一切衆生供養하리라

又復是人이 臨命終時 最後刹那에 一切諸根은 悉皆散壞하며 一切親屬은 悉皆捨離하며 一切威勢는 悉皆退失하고 輔相大臣과 宮城內外와 象馬車乘과 珍寶伏藏 如是一切는 無復相隨호대 唯此願王은 不相捨離하야 於一切時에 引導其前하야 一刹那中에 卽得往生極樂世界하며 到已에 卽見阿彌陀佛과 文殊師利菩薩과 普賢菩薩과 觀自在菩薩과 彌勒菩薩等이어든 此諸菩薩이 色相이 端嚴하고 功德具足으로 所共圍遶어든 其

人이 自見生蓮華中하야 蒙佛授記하고 得授記已하야는 經於無數百千萬億那由他劫을 普於十方不可說不可說世界에 以智慧力으로 隨衆生心하야 而爲利益하며 不久에 當坐菩提道場하야 降伏魔軍하고 成等正覺하야 轉妙法輪하야 能令佛刹極微塵數世界衆生으로 發菩提心하며 隨其根性하야 敎化成熟하며 乃至 盡於未來劫海를 廣能利益一切衆生하리니 善男子야 彼諸衆生이 若聞若信此大願王커나 受持讀誦하며 廣爲人說하는 所有功德은 除佛世尊하고 餘無知者니 是故로 汝等은 聞此願王에 莫生疑念하고 應當諦受 受已能讀하고 讀已能誦하며 誦已能持하고 乃至書寫하야 廣爲人說이니 是諸人等은 於一念中에 所有行願을 皆得成就하며 所獲福聚 無量無邊하야 能於煩惱大苦海中에 拔濟衆生하야 令其出離하야 皆得往生阿彌陀佛極樂世界하나니라

1

칠보(七寶) : 7종의 보배. 금 · 은 · 유리(검푸른 보옥) · 파려(玻瓈-적백의 수정) · 자거(硨磲-백산호) · 적주(赤珠-적진주) · 마노(碼瑙-짙은 녹색의 보옥) 등이다. 그 밖에 산호 · 호박 · 진주 · 명월주 · 마니주 등을 적당히 가감하여 칠보라고 하는 때도 있다.

2

사구게(四句偈) : 네 개의 글귀로 된 법문을 일컫는 글.

3

오무간업(五無間業) : 무간지옥에 떨어질 다섯 가지 중죄를 말한다. 오역죄(五逆罪)라고도 한다. 대승의 5역과 소승의 5역이 있다. 소승

의 5역은 ① 어머니를 죽인 것 ② 아버지를 죽인 것 ③ 아라한을 죽인 것 ④ 부처님 몸에서 피가 나게 한 것 ⑤ 화합승(和合僧)을 파한 것 등이다. 대승의 5역은 ① 탑이나 절을 파괴하고 경전과 불상을 불사르며 삼보의 물건을 빼앗고 혹은 그러한 일을 남에게 하게 하거나 같이 따라 기뻐하는 것 ② 성문 · 연각 · 대승의 도를 비방하는 것 ③ 출가인이 불법 수행하는 것을 방해하거나 내지 죽이는 것 ④ 소승 5역 중 하나를 범하는 것 ⑤ 업보는 없는 것이라는 생각을 가지고 열 가지 불선업을 행하며 내생을 두려워하지 않고 또한 남에게 이를 가르치는 것 등이다. 그 밖에 삼승통설(三乘通說)의 5역이 있는데 그것은 위의 소승 5역의 살부모(殺父母)를 하나로 하고 그 위에 정법을 비방한 것을 더한 것이니 위 대소승 5역을 합한 것이 된다. 이상 오역죄의 하나를 지으면 무간지옥에 떨어지는데, 지옥이란 죄업으로 인해 얻은 극고의 세계를 말하며 그 중 무간지옥은 10종이 있는데 5무간이란 다섯 가지의 사이가 없는 극중한 고를 말한다. ① 취과무간(取果無間)- 업의 과를 받는데 다른 생을 거치지 않는 것 ② 수고무간(受苦無間) - 고 받기를 쉴 사이가 없다. ③ 시무간(時無間) - 1겁으로 정해져 있다. ④ 명무간(命無間) - 수명이 상속하여 간단이 없다. ⑤ 형무간(形無間) - 유정의 몸의 크기가 지옥의 넓이와 같아 간격이 없다고 해서 5무간이다.

4

마군(魔群) : 마의 무리라는 말이다. 마(魔)는 범어의 마라(Māra, 魔羅)의 준말인데 장애자(障碍者) · 살자(殺者) · 악자(惡者)의 뜻이다. 사람의 생명을 빼앗고 좋은 일을 방해하며 혹 사람의 몸과 마음을 어지럽게 하며 수도를 방해한다. 세존이 성도하실 적에 마왕 파순이 사녀(四女)를 보내 방해했다고 한다. 마왕은 욕계(欲界) 제6타화자재천(他化自在天)에 살면서 바른 교법을 파괴한다고 하는데 이것이 천마(天魔)다. 마의 의미를 내관적(內觀的)으로 해석해 번뇌와 같이 중생을 해롭게 하는 것을 모두 마라고 하고, 자기의 심신에서 생기는 장애를 내마(內魔), 밖에서 오는 장애를 외마(外魔)라 하며 이것을 이마(二魔)라 한다. 또한 제법실상(諸法實相)을 제한 그 밖의 것을 모두 마라고도 하며 죽음이 작용하는 대상인 오온(預蘊)을 오음마(預陰魔), 생사를 부르는 번뇌를 번뇌마(煩惱魔), 죽음을 사마(死魔), 수도를 방해하는 것을 천마(天魔)라 하여 이것들을 사마(四魔)라고 한다.

5

야차(夜叉) : 범어의 야크샤(Yakśa)로서 약차(藥叉)라고도 쓴다. 위덕(威德) · 용건(勇健) · 첩질(捷疾)이라 번역된다. 큰 위세와 힘이 있다 하는데 나찰과 함께 비사문천왕의 권속으로 북방을 수호한다. 천야차(天夜叉) · 지야차(地夜叉) · 허공야차의 3종이 있어 천야차와 허공야차는 날아 다닌다. 야차도 팔부 중의 하나다.

6

나찰(羅刹) : 범어로는 라크샤사(Rākṣasa)로서 나찰파(羅刹婆) · 나차파(羅叉婆)라고도 쓴다. 가외(可畏) · 속질귀(速疾鬼) · 호자(護者)라고 번역된다. 악귀(惡鬼)를 대개 나찰이라고 부른다. 남나찰은 생김새가 추악하고 여나찰은 매우 곱다고 한다. 모두 사람의 살과 피를 먹고 사는데 그들은 공중을 날기도 하는 극히 빠른 포악한 귀신이다. 또한 지옥의 옥졸인 귀류(鬼類)를 말하기도 하는데 이들을 아방나찰(阿旁羅刹)이라고 한다. 소머리에 사람 손을 하고 소의 굽

[蹄]을 하고 있으며 힘이 세다고 한다.

7

구반다(鳩般茶) : 범어의 쿰반다(Kumbhānd)로서 옹형귀(甕形鬼) · 음낭(陰囊) · 형란 · 형면사동과귀(形面似冬瓜鬼)라 번역된다. 말머리에 사람 몸을 하고 사람의 정기를 빨아먹는 귀신이다. 남방 증장천왕의 부하라고 한다.

8

비사사(毘舍闍) : 범어의 피샤차(Piśāca)로서 비사차(毘舍遮)라고도 쓴다. 식혈육귀(食血肉鬼) · 전광귀(癲狂鬼) · 담정귀(噉精鬼)라고 번역된다. 사천왕이 거느리는 8부족의 하나인데 지국천(持國天)의 배하에 있다.

9

부다(部多) : 범어의 푸타나(Pūtana)인데 부단나(富單那) · 부다나(富多那)라고 적기도 하며, 취귀(臭鬼) · 취아귀(臭餓鬼)라고 번역된다. 아귀 중에서 뛰어난 자로 몸에서 더러운 냄새가 나며 사람과 짐승을 해친다고 한다. 사천왕이 거느리는 팔부족의 하나.

10

삼십이 대장부상(三十二大丈夫相) : 범어로는 Dvātrimśatmahāpurusā Laksanānil로서 32대인상 · 대인상(大人相)이라고도 한다. 부처님의 육신이나 전륜성왕의 몸에 갖추어 있는 수승한 용모 · 형상 가운데서 특히 현저하고 보기 쉬운 32종을 골라서 32상이라 하고, 이것과 미세 은밀한 80종호(種好)와 합해 상호(相好)라고 한다. 32상은 다음과 같다. ① 발바닥이 편편함(足下安平立相) ② 손과 발바닥에 수레바퀴 같은 금(무늬)이 있음(足下二輪相 또는 千輻輪相)

③ 손가락이 가늘면서 길다(長指相) ④ 손발이 매우 부드러움(手柔軟相) ⑤ 손가락 · 발가락 사이마다 얇은 막이 있음(手足指縵相) ⑥ 발꿈치가 원만함(足跟廣平相) ⑦ 발등이 높고 원만함(足趺高滿相) ⑧ 장딴지가 사슴 다리 같음(腨如鹿王相-伊延腨相) ⑨ 팔을 펴면 손이 무릎까지 내려감(正立手摩膝相) ⑩ 남근(男根)이 오므라들어 몸안에 숨은 것같이 말의 그것과 같음(馬陰藏相) ⑪ 키가 한 발(두 팔을 편 길이)의 크기와 같음(身廣長等相) ⑫ 청색의 털이 위로 쓸려남(毛上向相) ⑬ 털구멍마다 털이 남(一孔一毛生相) ⑭ 몸빛이 황금색임(金色相) ⑮ 몸에서 솟는 광명이 한 길이 됨(丈光相) ⑯ 살결이 보드랍고 매끄러움(細薄皮相) ⑰ 두 발바닥 · 두 손바닥 · 두 어깨 · 정수리가 모두 판판하고 둥글며 두터움(七處隆滿相) ⑱ 두 겨드랑이가 편편함(兩腋下隆滿相) ⑲ 몸매가 사자와 같음(上身如獅子相) ⑳ 몸이 곧고 단정함(大直身相) ㉑ 양 어깨가 둥글며 두둑함(肩圓滿相) ㉒ 이가 40개나 됨(40齒相) ㉓ 이가 희고 가지런하고 빽빽함(齒齊相) ㉔ 송곳니가 희고 큼(牙白相) ㉕ 뺨이 사자 것과 같음(獅子頰相) ㉖ 최상의 미감(味感)을 가짐(味中得上味相) ㉗ 혀가 길고 넓음(廣長舌相-혀가 엷고 부드러우며 넓고 길어서 얼굴을 덮고 이마의 머리털 난 곳까지 닿음) ㉘ 목소리가 맑고 멀리 들림(梵聲相) ㉙ 눈동자가 검푸름(眞靑眼相) ㉚ 속눈썹이 소의 것과 같이 수려함(牛眼睫相) ㉛ 정수리에 살이 상투와 같이 솟아 올라 있다(頂上肉髻相). 이것을 육계(肉髻)라고 하는데 범어로는 우슈니샤(uṣṇisa)로서 이를 음사하여 오슬이사(烏瑟膩沙) 또는 오슬(烏瑟)이라 하는데 이 상은 아무도 볼 수 없으므로 무견정상(無見頂相)이라고도 한다. ㉜ 두 눈썹 사이에 흰 털이 나고 그 털을 펴면 한 길 오척이나 되나 우선(右旋)으

로 감겨 있다. 여기서 놓는 광명을 호광(豪光) 또는 미간광(眉間光)이라 한다. 이상의 32상은 부처님이 과거세 수행에 있어 낱낱이 백 가지 착한 생각[意志 · 意業]을 일으킨 결과로서 금생에 얻어진 것으로 이것을 백사장엄(百思莊嚴) 또는 백복장엄(百福莊嚴)이라 한다.

11

찰나(刹那) : 범어는 크샤나(kṣana)로서 차나(叉拏)라고도 쓰며, 염경(念頃-한생각 일으키는 사이) 또는 발의경(發意頃)이라 번역한다. 시간의 최소단위다. 『구사론(俱舍論)』에 의하면 120찰나가 1달찰나(怛刹那, tatk-sana), 60달찰나가 1납박(臘縛, lava), 30납박이 1무호율다(牟呼栗多, muhūrta), 30무호율다를 1주야(晝夜)라 하므로 1찰나는 지금 시간으로 약 0.013초라는 계산이 나온다.

12

육근(六根) : 6식(識)의 소의(所依)가 되어 6식을 일으키어 대경(對境)을 인식하게 하는 근원 여섯이다. 안근(眼根) · 이근(耳根) · 비근(鼻根) · 설근(舌根) · 신근(身根) · 의근(意根) 등을 말한다. 근(根)이라 하는 것은 안근은 안식(眼識)을 내어 색경(色境)을 인식하며 내지 의근은 의식을 내어 법경(法境)을 인식하므로 근이라 한다.

13

극락세계(極樂世界) : 범어의 수하마티(Suhāmatī) 또는 수카바티(Sukhavati), 수하마제(須訶摩提) · 수마제(須摩提) · 소하박제(蘇訶縛帝)라 쓰고 안양(安養) · 안락(安樂) · 안온(安穩) · 묘락(妙樂) · 낙방(樂邦)이라 번역된다. 흔히 '서방정토 극락국'이라 한다. 이 사바세계에서 서쪽으로 십만억 국토를 지나서 있는 불국토인데 이 국토는 아미타불의 전신인 법장(法藏) 비구의 원력으로 이루어졌으니 지금도 아미타불이 항상 설법하시며, 모든 일이 원만구족하며, 즐거움만이 있고 괴로움이라고는 아주 없는 가장 자유롭고 안락한 국토다. 누구나 지성으로 수행하면 극락에 날 수 있다. 이 정토는 법장 비구가 오랜 동안 보살도를 닦은 인행(因行)의 과보로 얻어진 보토(報土)냐, 아니면 아미타불이 중생을 제도하기 위해 이뤄 놓은 응화토(應化土)냐 또한 서방에 실재하느냐 아니면 중생심에 있느냐 하는 논의가 있다. 그러나 극락세계는 실재하는 것이며 동시에 그것은 중생심을 여의지 않고 있으니 중생심 중의 번뇌만 청정하면 즉시에 극락이 현전한다는 것이 통설로 보아진다. 따라서 자성이 아미타불이며 온 법계가 즉시 아미타불의 몸이라는 사상을 이해하게 되는데 행원사상에 나타난 아미타불도 역시 법계장신(法界藏身) 아미타불로 보는 것이 일반적이다.

14

아미타불(阿彌陀佛) : 범어의 아미타바 붓다(Amitābha Buddha : Amitayus Buddha)로서 줄여서 '미타'라고 하는데 극락 국토의 교주다. 보통 아미타불 무량수불이라 한다. 오랜 옛적 과거세에 세자재왕불의 교화를 받은 법장(法藏) 비구가 2백10억의 많은 국토에서 가장 훌륭한 점만을 추려 가장 이상적인 국토를 건설하기를 기원해 마침내 48원을 세워 모든 사람이 함께 성불하기를 발원해 장구한 수행을 거쳐 성불하였으니 이가 곧 아미타불이시다. 이미 10겁 전에 성불하여 현재 설법하고 계신다.

15

문수사리보살(文殊師利菩薩) : 범어의 만주슈리(Mañjuśri)로서 만수시리(滿殊尸利) 또는 만수실리(曼殊室利)라고도 쓰며 묘덕(妙德)·묘수(妙首)·묘길상(妙吉祥)이라 번역된다. 부처님의 대지(大智)를 나타내는 대보살이다. 이 보살의 본신은 용존상불(龍尊上佛)·대신불(大身佛)·신선불(神仙佛)이신데 석가모니 부처님의 교화를 돕기 위해 권으로 보살을 시현한다고도 한다. 칠불의 스승이시다.

16

보현보살(普賢菩薩) : 범어의 사만타바드라(Samantabhadra, 三曼多跋捺羅). 변길(遍吉)이라고 번역된다. 무량한 행원이 구족하고 널리 많은 국토에 시현하는 대보살이니 문수보살이 부처님의 지혜를 대표하는 것처럼 보현보살은 이덕(理德)·행덕(行德)·정덕(定德)을 맡고 있다. 사마타(Samata)는 보(普), 바드라(bhadra)는 현(賢)의 뜻으로 그 신상과 공덕이 일체처에 두루하고 순일묘선(純一妙善)한 까닭에 보현이라 한다. 보현보살은 『화엄경』 중에서 선재동자에게 말하고 있듯이 과거 한량없는 미진겁을 내려오면서 보살행을 닦아 오로지 보리를 구하고 한량없는 부처님을 친견해 보리심을 닦고, 일체 세계에서 한량없는 광대한 시회(施會)를 베풀어서 일체 소유를 아끼지 않고 한결같이 일체 종지를 구하였고, 마침내 본성법신(本性法身), 청정색신을 체득하고, 일체 삼매에서 자재를 얻어서 널리 일체 세계에 시현하고 모든 법문에 들어가 그 덕을 가히 생각할 수 없는 보살이다. 『보현보살행법경』에는 보현보살은 몸 모양이 가히 없으므로 이 국토에 오실 때는 그 몸을 줄여 작게 하고 육아백상(六牙白象)을 탔는데 코끼리 머리에는 세 화인(化人)이 있어서 금륜(金輪)·마니주·금강저를 잡고 있다. 금강저를 들어 보이면 코끼리는 간다. 코끼리의 등 위에 금안장이 있고 안장 사면에 7보기등이 있어 연화대가 되고 이 연대 중에 7보 연화가 있어서 보살이 그 위에 가부좌하고 계신다고 하고 있다.

17

관자재보살(觀自在菩薩) : 범어의 아바로키테쉬바라(Avalokiteśvara)로서 관자재(觀自在) · 광세음(光世音) · 관세음자재(觀世音自在)라 번역하며 줄여서 관음이라 한다.
대자대비를 근본 서원으로 하는 보살이신데, 극락세계에서 아미타불의 좌보처(左補處)가 된다. 관세음이라 함은 세간의 고를 받는 중생이 일심으로 관세음보살을 생각하고 이름을 부르면 곧 구원해주신다는 뜻이며, 관자재라 하면 관세음보살이 지혜로 관조해 자재를 이루신 데서 온 이름이다. 또 중생에게 온갖 두려움이 없는 무외심(無畏心)을 베푼다는 뜻으로 시무외자(施無畏者)라 하고, 자비의 본존이라는 뜻으로 대비성자(大悲聖者)라 하며, 세상을 구제하므로 구세대사(救世大士)라고도 한다.

18

미륵보살(彌勒菩薩) : 범어로는 마이트레야(Maitreya)인데 자씨(慈氏)라 번역된다. 이름은 아일다(阿逸多)라 하는데 무승(無勝), 막승(莫勝)의 뜻이다. 인도 바라나국 바라문의 집에 태어나 부처님의 교화를 받고 미래에 이 사바국토에서 성불하리라는 수기(授記)를 받았다. 지금은 도솔천에 있으면서 천인을 교화하고 계신다. 세존 입멸 후 56억 7천만년을 지나 다시 이 사바세계에 출현해 화림원(華林園) 안의 용화수(龍華樹) 아래에서 성불해 3회의 설법으로 석가모니불 교법에 인연 있던 모든 중생을 제도하신다.

19

보리기(菩提記) : 수기(授記)를 말한다. 수기는 범어의 바야카라나(vyākaraṇa)인데 화가라나(和伽羅那) · 화라나(和羅那)라고도 적는다. 기별(記別 · 記子) · 수기(受記) · 기설(記說) · 수결(授決) · 기(記)라고도 번역된다. 원래는 부처님의 설법 중에서 문답의 형식이나 분류적 설명의 부분을 의미하더니 후에 가서는 부처님이 제자에 대해 미래의 증과(證果) 내용을 미리 지시하시는 예언적 교설을 의미하게 되었다. 수기를 4종으로 구분하는데 ① 미발보리심수기(未發菩提心授記-보리심을 발하기 전에 수기를 줌) ② 공발보리심수기(共發菩提心授記-도심을 발해 보살위에 오름과 동시에 수기를 줌) ③ 은부수기(隱覆授記-부처님의 위신력으로 당사자가 모르는 중에 타인 앞에서 수기를 줌) ④ 현전수기(現前授記-일체 대중이 보는 가운데에서 수기를 줌) 등이다.

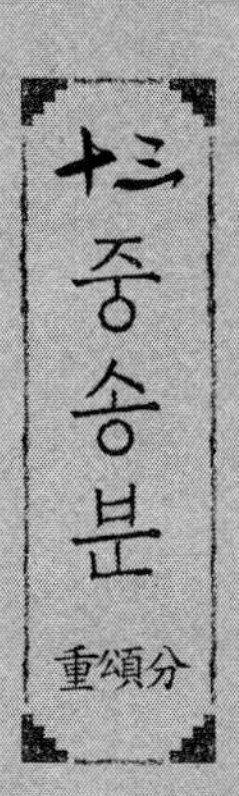
十三
중송분
重頌分

그때에 보현보살마하살이 이 뜻을 거듭 말씀하시고자 널리 시방을 관하시고 게송을 설하시었다.

가없는 시방세계 그 가운데
과거현재 미래의 부처님들께
맑고맑은 몸과말과 뜻을기울여
빠짐없이 두루두루 예경하옵되
보현보살 행원의 위신력으로
널리일체 여래전에 몸을나투고
한몸다시 찰진수효 몸을나투어
찰진수불 빠짐없이 예경합니다

일미진중 미진수효 부처님계셔
곳곳마다 많은보살 모이시었고
무진법계 미진에도 또한그같이
부처님이 충만하심 깊이믿으며
몸몸마다 한량없는 음성으로써
다함없는 묘한말씀 모두내어서
오는세상 일체겁이 다할때까지
부처님의 깊은공덕 찬탄합니다

아름답기 으뜸가는 여러꽃타래
좋은풍류 좋은향수 좋은일산들
이와같은 가장좋은 장엄구로써
시방삼세 부처님께 공양하오며
으뜸가는 좋은의복 좋은향들과
가루향과 꽂는향과 등과촛불의
낱낱것을 수미산의 높이로모아
일체여래 빠짐없이 공양하오며
넓고크고 수승하온 이내슬기로
시방삼세 부처님을 깊이믿삽고
보현보살 행원력을 모두기울여
일체제불 빠짐없이 공양합니다

지난세상 지은바 모든악업은
무시이래 탐심진심 어리석음이
몸과말과 뜻으로 지었음이라
내가이제 남김없이 참회합니다
시방삼세 여러종류 모든중생과
성문연각 유학무학 여러이승과
일체의 부처님과 모든보살의
지니옵신 온갖공덕 기뻐합니다

시방세계 계옵시는 세간등불과
가장처음 보리도를 이루신님께
위없는 묘한법문 설하시기를
내가이제 지성다해 권청합니다

부처님이 반열반에 들려하시면
찰진겁을 이세상에 계시오면서
일체중생 이락하게 살펴주시길
있는지성 기울여서 권청합니다

예경하고 찬양하고 공양한복덕
오래계셔 법문하심 청하온공덕
기뻐하고 참회하온 온갖선근을
중생들과 보리도에 회향합니다
내가여러 부처님을 따라배우고
보현보살 원만행을 닦고익혀서
지난세상 시방세계 부처님들과
지금계신 부처님께 공양하오며
여러가지 즐거움이 원만하도록
오는세상 부처님께 공양하옵고
삼세의 부처님을 따라배워서

무상보리 속히얻기 원하옵니다

시방세계 일체의 모든세계의
넓고크고 청정한 묘장엄속에
모든여래 대중에게 위요되시며
큰보리수 아래에 계시옵거든
시방세계 온갖종류 모든중생이
근심걱정 다여의어 항상즐겁고
심히깊은 바른법문 공덕받아서
모든번뇌 남김없이 없애지이다

내가보리 얻으려고 수행할때에
나는국토 어디서나 숙명통얻고
날때마다 출가하여 계행을닦아
깨끗하고 온전하여 새지않으리

천과용과 야차들과 구반다들과
사람들과 사람아닌 이들에까지
그네들이 쓰고있는 여러말로써
가지가지 소리로 설법하오며

청정하온　　바라밀을　　힘써닦아서
어느때나　　보리심을　　잊지않으며
모든업장　　모든허물　　멸해버리고
일체의　　묘한행을　　성취하오며

연꽃잎에　　물방울이　　붙지않듯이
해와달이　　허공에　　머물잖듯이
어두운맘　　미욱한업　　마경계라도
세간살이　　그속에서　　해탈얻으리
일체악도[1]　　온갖고통　　모두없애고
중생에게　　즐거움을　　고루주기를
찰진겁[2]이　　다하도록　　쉬지않으며
시방중생　　위하는일　　한이없으리

어느때나　　중생들을　　수순하면서
오는세상　　일체겁이　　다할때까지
보현보살　　광대행을　　항상닦아서
위없는　　대보리를　　원만하리라

나와같이　　보현행을　　닦는이들은
어느때나　　같은곳에　　함께모이어

몸과말과 뜻의업이 모두같아서
일체행원 다같이 닦아지오며
바른길로 나를돕는 선지식께서
우리에게 보현행을 이르시거든
어느때나 나와같이 함께모여서
어느때나 환희심을 내어지이다

원합노니 모든여래 모든불자에
둘리워서 계시옴을 항상뵈옵고
광대하온 공양을 항상올리되
미래겁이 다하여도 피염[3]없으며

제불세존 미묘법문 모두지니고
일체의 보리행을 빛내오면서
구경으로 청정하온 보현의도를
미래겁이 다하도록 닦아지이다
시방법계 넓은세상 중생속에서
내가짓는 복과지혜 한정이없고
정과혜[4]와 모든방편 해탈삼매로
한량없는 모든공덕 모두이루리

일미진중 미진수효 세계가있고
세계마다 한량없는 부처님계셔
곳곳마다 많은대중 모인가운데
보리행을 연설하심 항상뵈오며

한량없는 시방법계 모든세계와
털끝마다 과현미래 삼세의바다
한량없는 부처님과 많은국토에
두루두루 무량겁을 수행하오리

일체여래 말씀하심 청정함이여
한말씀속 여러가지 음성갖추고
모든중생 뜻에맞는 좋은음성이
음성마다 부처님의 변재이시라
시방세계 과현미래 여래께서는
어느때나 다함없는 그말씀으로
깊은이치 묘한법문 설하시거든
나의깊은 지혜로써 요달하리라

나는오는 세상까지 깊이들어가
일체겁을 다하여 일념만들고

과거현재 미래의 일체겁중에
한생각 즈음[5]으로 다들어가며

일념으로 과현미래 삼세가운데
계시옵는 인사자[6]님 모두뵈옵고
부처님 경계중의 환과도같은
자재해탈 모든위력 수용하오며

한터럭 끝에있는 극미진중에
과현미래 장엄세계 나타내이고
시방법계 미진세계 모든털끝도
모두깊이 들어가서 엄정하오리

오는세상 시방법계 조세등[7]께서
성도하고 설법하고 교화하시며
하옵실일 마치시고 열반들려면
내가두루 나아가서 섬기오리다

일념에서 두루하는 신통의힘과
일체문에 다통하는 대승의힘과
지와행을 널리닦는 공덕의힘과

위신으로　　널리덮는　　자비의힘과

청정장엄　　두루하는　　복덕의힘과
집착없고　　의지없는　　지혜의힘과
정과혜의　　모든방편　　위엄의힘과
넓고널리　　쌓아모은　　보리의힘과
일체것이　　청정하온　　선업력으로

일체의　　번뇌의힘　　멸해버리고
일체의　　마군의힘　　항복받아서
일체의　　모든행력　　원만히하여
한량없는　　모든세계　　엄정히하며
한량없는　　모든중생　　해탈케하며
한량없는　　모든법을　　잘분별하여
한량없는　　지혜바다　　요달하오며
한량없는　　모든행을　　청정히하며
한량없는　　모든원을　　원만히하며
일체여래　　친근하고　　공양하면서
무량겁을　　부지런히　　수행하옵고

과거현재　　미래세　　일체여래의

위없는 보리도인 모든행원을
남김없이 공양하고 원만히닦아
보현보살 큰행으로 보리이루리

일체여래 부처님의 맏아드님은
그이름 거룩하신 보현보살님
내가지금 온갖선근 회향하오니
지와행이 나도저와 같아지이다

몸과말과 뜻의업이 항상깨끗고
모든행과 국토도 다시그러한
이러하온 지혜가 보현이시니
바라건대 나도저와 같아지이다

일체에 청정하온 보현의행과
문수사리 법왕자[8]의 모든대원의
온갖사업 남김없이 원만히닦아
미래제[9]가 다하도록 끊임없으며
한량없는 많은수행 모두닦아서
한량없는 많은공덕 모두이루고
한량없는 모든행에 머물러있어

한량없는 신통묘용 요달하오며

문수사리 법왕자의 용맹지혜도
보현보살 지혜행도 다그러시니
모든선근 내가이제 회향하여서
저를따라 일체를 항상배우리

삼세여래 부처님이 칭찬하시는
이와같은 위없는 모든대원에
내가이제 온갖선근 회향하옴은
수승하온 보현행을 얻고잡니다

원합노니 이목숨이 다하려할때
모든업장 모든장애 다없어져서
찰나중에 아미타불 친견하옵고
그자리서 극락세계 얻어지이다

나의몸이 저세계에 가서나고는
그자리서 이대원을 모두이루고
온갖것을 남김없이 원만히이뤄
일체중생 이롭도록 하여지오며

저부처님 회상은 청정하시니
내가그때 연꽃속에 태어나아서
무량광 부처님[10]을 친견하옵고
그자리서 보리기 받아지오며

부처님의 수기를 받자옵고는
수없는 백구지[11]의 화신[12]을내고
지혜의힘 광대하여 시방에퍼져
일체중생 이롭도록 하여지이다

허공계가 다하고 중생다하고
업과번뇌 다하면 모르거니와
이와같은 일체것이 다함없을새
나의원도 마침내 다함없으리
가없는 시방국토 장엄하온바
온갖보배 부처님께 공양하옵고
일체세계 인천대중 미진겁토록
가장좋은 안락으로 보시한대도
어떤사람 수승하온 보현원왕을
한번듣고 마음에서 믿음을내고
무상보리 구할생각 간절만하면

이사람의 얻는공덕 저를지내니
간데마다 나쁜벗을 멀리여의며
영원토록 모든악도 만나지않고
무량광 부처님을 속히뵈어서
위없는 보현원을 모두갖추리

이사람은 길이길이 수명얻으며
난데마다 항상좋은 사람몸받고
머지않아 마땅히 보현보살의
크고넓은 보살행 성취하리라

지난날에 어리석고 지혜없어서
무간지옥 빠질중죄 지었더라도
보현행원 대원왕을 읽고외우면
일념간에 저중죄가 소멸하리니

날적마다 좋은가문 좋은얼굴과
좋은상호 밝은지혜 원만하여서
모든마와 외도[13]들이 범접못하니
삼계중생 온갖공양 능히받으며

오래잖아 보리수[14] 밑에나아가
파순[15]이도 마군중도 항복받고서
무상정각 성취하고 법을설하여
모든중생 빠짐없이 이익주리라

누구든지 보현원을 읽고외우고
받아갖고 대중위해 연설한다면
그과보는 부처님만 능히아시니
어김없이 무상보리 얻게되리라
어떤사람 보현원을 능히외우는
그선근의 소분만을 말씀한다면
일념간에 일체공덕 원만하여서
중생들의 청정원을 성취하리라

내가지은 스승하온 보현의행의
가없는 수승한복 회향하오니
바라건대 고해중의 모든중생이
하루속히 극락세계 얻어지이다

그때에 보현보살마하살이 부처님 앞에서 이 넓고 큰 보현원왕의 청정게송을 설하시니 선재동자는 한량없이 뛸 듯 기뻐하였고 일체 보살들은 모두 크게 환희하였으며 여래께서는 옳다옳다 하시며 칭찬하시었다.

그때에 세존께서 거룩하옵신 여러 보살마하살과 더불어 이와 같은 불가사의 해탈 경계의 수승한 법문을 연설하실 적에, 문수사리 보살을 상수로 하는 대보살들과 그 보살들이 성숙하신 바 육천의 비구들과 미륵보살을 상수로 하는 현겁[16]의 일체 대보살들이시며, 무구보현보살을 상수로 하는 일생보처이시며, 관정위[17]에 이르신 대보살들과 널리 시방 여러 세계에서 모이신 일체찰해 극미진수의 모든 보살마하살과 대지사리불[18] 마하 목견련[19] 등을 상수로 하는 대성문들과 인간과 천상과 세간의 모든 임금과 하늘과 용과 야차와 건달비[20]와 아수라[21]와 가루라[22]와 긴나라[23]와 마후라가[24]와 인비인[25] 등 일체 대중들이 부처님의 말씀을 듣고 다들 크게 환희하고 믿고 받아 받들어 행하였다.

爾時에 普賢菩薩摩訶薩이 欲重宣此義하야 普觀十方하고 而說偈言하시되

所有十方世界中의	三世一切人師子를
我以淸淨身語意하야	一切遍禮盡無餘하며
普賢行願威神力으로	普現一切如來前하며
一身復現刹塵身하야	一一遍禮刹塵佛하며

於一塵中塵數佛이 各處菩薩衆會中커든
無盡法界塵亦然을 深信諸佛皆充滿하며
各以一切音聲海로 普出無盡妙言辭하야
盡於未來一切劫을 讚佛甚深功德海하며
以諸最勝妙華鬘과 伎樂塗香及傘蓋하야
如是最勝莊嚴具로 我以供養諸如來하며
最勝衣服最勝香과 末香燒香與等燭이
一一皆如妙高聚를 我悉供養諸如來하며
我以廣大勝解心하야 深信一切三世佛하며
悉以普賢行願力하야 普遍供養諸如來하며
我昔所造諸惡業이 皆由無始貪瞋癡라
從身語意之所生을 一切我今皆懺悔하며
十方一切諸衆生과 二乘有學及無學과
一切如來與菩薩의 所有功德皆隨喜하며
十方所有世間燈과 最初成就菩提者에
我今一切皆勸請하야 轉於無上妙法輪하며

諸佛若欲示涅槃커든 我悉至誠而勸請호대
唯願久住刹塵劫하야 利樂一切諸衆生하소서
所有禮讚供養佛과 請佛住世轉法輪과
隨喜懺悔諸善根을 迴向衆生及佛道하며

我隨一切如來學하야　　修習普賢圓滿行하며
供養過去諸如來와　　及與現在十方佛과
未來一切天人師하야　　一切意樂皆圓滿하며
我願普隨三世學하야　　速得成就大菩提하며
所有十方一切刹　　廣大淸淨妙莊嚴에
衆會圍遶諸如來하야　　悉在菩提樹王下커든
十方所有諸衆生이　　遠離憂患常安樂하고
獲得甚深正法利하야　　滅除煩惱盡無餘하며
我爲菩提修行時에　　一切趣中成宿命하고
常得出家修淨戒하야　　無垢無破無穿漏하며
天龍夜叉鳩槃茶와　　乃至人與非人等과
所有一切衆生語로　　悉以諸音而說法하며

勤修淸淨波羅蜜하야　　恒不忘失菩提心하고
滅除障垢無有餘하야　　一切妙行皆成就하며
於諸惑業及魔境과　　世間道中得解脫을
猶如蓮華不著水하고　　亦如日月不住空하며
悉除一切惡道苦하고　　等與一切群生樂을
如是經於刹塵劫하야　　十方利益恒無盡하며
我常隨順諸衆生호대　　盡於未來一切劫하며
恒修普賢廣大行하야　　圓滿無上大菩提하며

所有與我同行者는 於一切處同集會하며
身口意業皆同等하야 一切行願同修學하며
所有益我善知識이 爲我顯示普賢行커든
常願與我同集會하야 於我常生歡喜心하며
願常面見諸如來 及諸佛子衆圍遶하고
於彼皆興廣大供을 盡未來劫無疲厭하며
願持諸佛微妙法하야 光顯一切菩提行하며
究竟清淨普賢道를 盡未來劫常修習하며

我於一切諸有中에 所修福智恒無盡하며
定慧方便及解脫로 獲諸無盡功德藏하며
一塵中有塵數刹하고 一一刹有難思佛한대
一一佛處衆會中에 我見恒演菩提行하며
普盡十方諸刹海와 一一毛端三世海와
佛海及與國土海에 我徧修行經劫海하며
一切如來語清淨이라 一言具衆音聲海하고
隨諸衆生意樂音이 一一流佛辨才海한대
三世一切諸如來 於彼無盡語言海로
恒轉理趣妙法輪커든 我深智力普能入하며
我能深入於未來하야 盡一切劫爲一念하고
三世所有一切劫을 爲一念際我皆入하며

我於一念見三世 所有一切人師子하고
亦常入佛境界中 如幻解脫及威力하며
於一毛端極微中에 出現三世莊嚴刹커든
十方塵刹諸毛端에 我皆深入而嚴淨하며

所有未來照世燈이 成道轉法悟群有하고
究竟佛事示涅槃커든 我皆往詣而親近하며
速疾周徧神通力과 普門徧入大乘力과
智行普修功德力과 威神普覆大慈力과
徧淨莊嚴勝福力과 無著無依智慧力과
定慧方便威神力과 普能積集菩提力과
淸淨一切善業力으로 摧滅一切煩惱力하고
降伏一切諸魔力하며 圓滿普賢諸行力하야
普能嚴淨諸刹海하고 解脫一切衆生海하며
善能分別諸法海하고 能甚深入智慧海하며
普能淸淨諸行海하고 圓滿一切諸願海하며
親近供養諸佛海하야 修行無倦經劫海하며
三世一切諸如來의 最勝菩提諸行願을
我皆供養圓滿修하야 以普賢行悟菩提하리
一切如來有長子하니 彼名號曰普賢尊이라
我今廻向諸善根하노니 願諸智行悉同彼어다

願身口意恒淸淨하고 諸行刹土亦復然이라
如是智慧號普賢이니 願我如彼皆同等하며
我爲徧淨普賢行과 文殊師利諸大願하야
滿彼事業盡無餘하고 未來際劫恒無倦하며
我所修行無有量하야 獲得無量諸功德하며
安住無量諸行中하야 了達一切神通力하며
文殊師利勇猛智와 普賢慧行亦復然이라
我今廻向諸善根하노니 隨彼一切常修學이어다
三世諸佛所稱歎인 如是最勝諸大願을
我今廻向諸善根은 爲得普賢殊勝行이라
願我臨欲命終時에 盡除一切諸障碍하고
面見彼佛阿彌陀하야 卽得往生安樂刹하며
我旣往生彼國已에 現前成就此大願하고
一切圓滿盡無餘하야 利樂一切衆生界하며
彼佛衆會咸淸淨이어든 我是於勝蓮華生하야
親覩如來無量光하고 現前授我菩提記하며
蒙彼如來授記已하고 化身無數百俱胝하며
智力廣大徧十方하야 普利一切衆生界하여지이다
乃至虛空世界盡하고 衆生及業煩惱盡하며
如是一切無盡時라 我願究竟恒無盡하리
十方所有無邊刹의 莊嚴衆寶供如來하고

最勝安樂施天人하야 經一切刹微塵劫이라도
若人於此勝願王에 一經於耳能生信하고
求勝菩提心渴仰하면 獲勝功德過於彼라
卽常遠離惡知識하고 永離一切諸惡道하며
速見如來無量光하야 具此普賢最勝願하니
此人善得勝壽命하며 此人善來人中生하며
此人不久當成就하야 如彼普賢菩薩行하리
往昔由無智慧力하야 所造極惡五無間도
誦此普賢大願王하면 一念速疾皆消滅하며
族姓種類及容色과 相好智慧咸圓滿하니
諸魔外道不能摧라 堪爲三界所應供하며
速詣菩提大樹王하야 坐已降伏諸魔衆하고
成等正覺轉法輪하야 普利一切諸含識하리
若人於此普賢願에 讀誦受持及演說하면
果報唯佛能證知라 決定獲勝菩提道하리
若人誦此普賢願의 我說少分之善根컨댄
一念一切悉皆圓하야 成就衆生淸淨願이라
我此普賢殊勝行의 無邊勝福皆廻向하노니
普願沈溺諸衆生이 速往無量光佛刹이어다

爾時에 普賢菩薩摩訶薩이 於如來前에 說此普賢廣大願王 淸淨偈已하

시니 善財童子는 踊躍無量하고 一切菩薩은 皆大歡喜하며 如來讚言하시되 善哉善哉라

爾時에 世尊과 與諸聖者菩薩摩訶薩이 演說如是不可思議解脫境界勝法門時에 文殊師利菩薩로 而爲上首하는 諸大菩薩과 及所成熟인 六千比丘와 彌勒菩薩로 而爲上首하는 賢劫一切諸大菩薩과 無垢普賢菩薩로 而爲上首하는 一生補處며 住灌頂位인 諸大菩薩과 及餘十方種種世界에서 普來集會인 一切刹海極微塵數 諸菩薩摩訶薩衆과 大智舍利弗과 摩訶目犍連等으로 而爲上首하는 諸大聲聞과 幷諸人天 一切世主와 天 龍 夜叉와 乾闥婆 阿修羅 迦樓羅 緊那羅 摩睺羅伽 人非人等 一切大衆이 聞佛所說하고 皆大歡喜하야 信受奉行하니라

1

악도(惡道) · 악취(惡趣) : 중생이 자기가 지은 행위[업]로 인해 태어나는 세계를 보통 여섯으로 나눠 육도(六道) 또는 육취라고 하는데 그 중 지옥 · 아귀 · 축생의 삼도(삼취)는 악업으로 인해 태어나는 극히 부자유스럽고 고통이 심한 곳이므로 삼악도(삼악취)라고 한다.

2

찰진겁(刹塵劫) : 기나긴 시간을 말한다. 한량없이 넓어 생각조차 할 수 없는 넓은 세계를 부수어 가는 먼지를 만들어 그 생각할 수 없이 많은 먼지 수효의 겁(劫)이 얼마나 되는 세월인가를 생각할 수가 없다. 이 겁을 찰진겁이라 하는 것인 바 『법화경』에는 부처님

의 수명이 이 찰진겁보다 더 장구하다고 말씀하심이 보인다.

3

피염(疲厭) : 피로하고 지쳐 싫증이 남.

4

정혜(定慧) : 정은 마음을 마음 깊은 곳[본래]에 머물게 해 동요가 없는 마음이요, 혜는 마음의 밝은 작용이니 정이 깊을수록 그 마음의 작용인 혜도 영묘하다. 그러나 필경 한 마음의 상태이므로 정혜는 둘로 가를 수 없다. 그래서 정혜는 둘이 아니라고 한다.

5

한생각 즈음[一念際] : 한생각이 일어나는 당처(當處)를 말한다. 인간의 천만 가지 일들이 사람의 생각의 표현이며, 또한 그의 동작이니 이렇게 보면 한생각이 일어나는 당처는 바로 일체 인간 만사가 벌어지는 근원이 되며, 귀착점이 되며, 동시에 일체 만사 그것의 본 모습이기도 한 것을 알 것이다. 이 자리야말로 일체에 다 통하는 광장이요 통로다.

6

인사자(人師子) : 인웅사자(人雄獅子)라고도 하는데 사람 가운데 가장 덕이 높고 용감하며 영웅다운 부처님을 백수(百獸)의 왕인 사자에 비해 보는 것이다.

7

조세등(照世燈) : 세간을 비추는 등불이니 세간이란 곧 본래의 밝음을 잊은 무명번뇌의 중생세계를 말함이다. 그러므로 조세등이란 부처님을 가리킴이다.

8

법왕자(法王子); 범어로는 쿠마라부타(Kumārabhūta, 究魔羅浮多)라 적는다. 동진(童眞)이라고도 하니 보살을 가리킨다. 세상의 국왕에게 왕자가 있듯이 보살은 미래의 부처님이 될 자리에 있으므로 부처님을 법왕이라 함에 대해 보살을 법왕자라 한다.

9

미래제(未來際) : 미래의 저 끝이라는 뜻. 미래는 한이 없지마는 가정적으로 진미래제라 하여 미래 영원의 뜻을 나타낸다.

10

무량광불(無量光佛) : 범어로는 아미타바 붓다(Amitabha-Buddha)로서 아미타불을 말한다. 또는 무량수불(無量壽佛)이라고도 한다. 아미타불의 광명은 그 수가 극히 많아 헤아릴 수 없고 또한 그 수명이 한량이 없는 데서 온 이름이다. 저 먼 옛날 법장보살은 모든 중생을 구하기 위해 세자재왕불(世自在王佛) 처소에서 48가지의 큰 서원을 세우고 또한 많은 국토에 가장 훌륭한 나라를 택해 이상국을 실현하기를 기원하고 영겁을 두고 수행해 그 성원한 바를 이루었으니 이가 바로 아미타불이고 그 나라가 바로 극락세계이다.
누구나 아미타불을 믿고 '나무아미타불'을 일심으로 부르면 구제를 받는다. 이것이 겉으로 본 아미타불이다. 그러나 『무량수경』에는 '아미타불은 법계의 몸으로서 중생심 중에 드신다'라고 하였으니 여기서 부처님의 참모습에 대해 살피는 바가 있어야 한다.

11

구지(俱胝) : 범어의 코티(koti). 인도에서 쓰던 수(數)의 단위인데 십진법(十進法)으로 되는 일 · 십 · 백 · 천 · 만 · 락차(laksa) · 도락

차(atilakṣa) · 구지…이므로 1구지는 1천만분의 1에 해당한다.

12

화신(化身) : 범어의 니르마나 카야(Nirmāṇa-kāya). 불보살이 중생을 교화하기 위해 신통력으로 가지가지 모양을 나투는 것을 화신이라 한다. 법신(法身) · 보신(報身)에 화신을 더해 삼신(三身)이라 한다.

13

외도(外道) : 범어의 티르타카(tirthaka). 불교를 내도(內道)라고 하는데 대해서 불교 이외의 교를 외도 · 외교 · 외법 · 외학이라 하고 후세에 와서는 사법(邪法) · 사의(邪義)의 뜻으로 써왔다. 부처님 당시에도 6종의 외도가 있었다고 하며, 그 밖에 96종 외도를 말할만큼 그 종류가 대단히 많다. 티르타카의 의미가 본시 신성하고 존경할 만한 은둔자(隱遁者)라는 뜻이지만 불교와 불교 이외의 다른 교학을 가려서 말할 때 불교 이외의 교를 외도라고 한다.
외도로서 가장 많이 알려져 있는 육사외도(六師外道 · 六派哲學派)는 수론(數論) · 유가(瑜伽) · 승론(勝論) · 정리(正理) · 성론(聲論) · 폐단다(吠檀多) 같은 것이다.

14

보리수(菩提樹) : 각수(覺樹) · 사유수(思惟樹) · 도수(道樹)라고도 하는데 세존께서 그 나무 밑에서 도를 닦으셨다. 일반적으로 같은 종류의 나무를 다같이 보리수라 한다. 이 나무는 본래 발다(鉢多-범어의 아슈밧타 Aṣvattha)라 하고 아설타(阿說他) · 아수타(阿輸陀) · 아습타(阿濕陀) · 패다(貝多)라고 적기도 하는데 길상수(吉祥樹) · 원길수(元吉樹) · 무죄수(無罪樹)라 번역된다. 그 열매를 필발라(畢

鉢羅 · 畢波羅-Pippala)라고 하기 때문에 필발라수(畢鉢羅樹)라고도 한다. 무화과 비슷한 뽕나무과[桑科]의 상록수인데 인도교도는 일찍부터 이 나무를 신성시하였다 한다. 석가모니 부처님 이외에도 과거 · 미래 모든 부처님이 각각 다른 보리수가 있다 하는데 비바시불은 무우수, 시기불은 분타리수, 비사부불은 사라수, 미륵존불은 용화수 같은 것이다. 지금 염주로 쓰이는 보리수 나무는 아슈밧타와는 다른 것이다.

15

파순(破筍) : 범어의 파피야스(Pāpīyas, Pāpiman, 破卑夜)로 살자(殺者) · 악자(惡者)라 번역하는데, 욕계(欲界) 제6천의 임금인 마왕의 이름이다. 수도인의 마음을 요란하게 하고 악한 뜻을 품고 사람의 혜명(慧命)을 끊는다고 하는데 부처님 성도시 보리수하에 나타난 마군도 이 파순과 그의 권속이었다. 그래서 수도를 방해하는 마군의 대표적 이름으로 쓰인다.

16

현겁(賢劫) : 범어로는 바드라칼파(Bhadra kalpa). 발타겁(跋陀劫) · 파타겁(波陀劫)이라 적고 현시분(賢時分) · 선시분(善時分)이라 번역한다. 성(成) · 주(住) · 괴(壞) · 공(空) 4기를 대겁(大劫)이라 하는데, 과거의 대겁을 장엄겁(莊嚴劫), 현재의 대겁을 현겁, 미래의 대겁을 성수겁(星宿劫)이라 하며 이것이 3겁이다. 이 현겁의 주겁(住劫) 때에는 구류손불 · 구나함모니불 · 가섭불 · 석가모니불 등 1천의 부처님이 출현하시어 중생을 제도하시는데 이와 같이 많은 부처님이 출현하시는 시기이므로 현겁이라 하는 것이다. 『현겁경』.

17

관정위(灌頂位) : 범어 아비세차나(Abhi Ṣcana) 또는 아비세카(Abhi Ṣeka)로서 물을 이마에 붓는다는 뜻인데, 원래 인도에서 임금이 왕위에 오르거나 태자를 세우는 의식을 할 때 그 정수리에 바닷물을 부었다. 보살의 십지(十地) 수행 중 제9지에서 제10 법운지(法雲地)에 들 때에도 제불이 지혜물[智水]을 그 정수리에 부어 법왕의 직을 받은 것을 증명하기도 한다. 이런 때는 수직관정(受職灌頂)이라 하는데 그래서 수직관정을 받은 보살 10지를 관정지(灌頂地)라고 한다. 관정위는 이 관정지를 말하며 또한 등각(等覺)을 말하기도 하는 보살수행의 마지막 가는 높은 수행이다.

18

사리불(私利弗) : 범어로 샤리푸트라(Śāri Putra), 부처님 제자 중에서 지혜 제일로 꼽힌다. 사리불다라(舍利弗多羅)라고도 적으며 사리자(舍利子) · 취로자(鶖鷺子) · 신자(身者)라 번역된다. 마갈타의 왕사성 북쪽 나라(那羅)촌에서 나서 이웃의 목건련과 함께 산자야를 스승으로 섬기다가 뒤에 마승(馬勝) 비구를 인연하여 부처님께 귀의하고 목건련과 함께 아라한도를 이루고 부처님 제자 가운데 우두머리가 되어 부처님을 도와 크게 교화하였다.

19

목건련(目犍連) : 범어의 목갈라야나(Maudglyayana), 부처님 십대제자 중 한 분. 신통제일이라 한다. 흔히 목련(目連) 존자라 불린다. 처음에 사리불과 함께 외도(外道)인 산자야(刪闍耶)에게 배우다가 사리불이 5비구의 하나인 아설시(阿說示)를 만나 불법을 알아 깨달은 후 함께 죽림정사에 가서 부처님의 제자가 되었다. 부처님께 귀의한 뒤로는 여러 곳에 다니며 불법을 전하고 크게 드날렸다.

20

건달바(乾闥婆) : 범어의 간다르바(gandhrva). 식향(食香) · 심향(尋香) · 심향행(尋香行) 등으로 번역된다. 제석천(帝釋天)의 음악을 맡은 신으로 술과 고기를 먹지 않고 향기만 먹는다고 한다. 팔부 중의 하나로서 항상 부처님 설법하는 데에 나타나 정법을 찬탄하고 불법을 수호하였다. 또한 사람이 죽어서 새로운 육체를 받기까지의 영혼신(靈魂身), 즉 이른바 중음신(中陰身)의 이칭(異稱)이기도 한데, 중음신은 향기를 찾아서 가고 머물고 향기를 먹고 살기 때문에 그렇게 불린다.

21

아수라(阿修羅) : 범어의 아수라(Asura). 아소라(阿素羅)라고도 쓰고 또한 줄여서 수라(修羅)라고도 한다. 비천(非天) · 부단정(不端正)이라 번역한다. 육도(六道) 중의 하나이며 팔부 중의 하나에 속한다. 인도 고대에는 전투를 일삼는 한 무리의 신이 있다고 보았는데 이것이 아수라다. 자주 제석천과 다퉜다고 한다. 지금의 '아수라'니 '아수라판'이니 하는 말은 여기에서 연유한다. 그렇다고 아수라가 아주 호전적인 악신만은 아니다. 그 중에는 발심하여 부처님 설법을 듣고 불법을 옹호하는 선신도 있다. 이것이 팔부에 속하는 아수라다.

22

가루라(迦樓羅) : 범어의 가루다(Garuḍa). 아로나(誐嚕拏) · 가류라(迦留羅) · 갈로다(揭路荼)라고도 쓴다. 금시조(金翅鳥) 또는 묘시조(妙翅鳥)라 번역된다. 조류(鳥類)의 왕이라 하며 독수리같이 날쌔고 용맹하여 바다의 용을 잡아 먹고 산다고 한다. 팔부중(八部衆)의 하나로 꼽힌다.

23

긴나라(緊那羅) : 범어의 긴나라. 긴타라(緊陀羅) · 긴나락(緊捺洛)이라고도 쓴다. 번역하여 의인(疑人) · 인비인(人非人) · 의신(疑神)이라고 하고 가신(歌神) · 음악천(音樂天) · 가악신(歌樂神)이라고도 한다. 가영가무(歌詠歌舞)의 신(神)으로 팔부중(八部衆)의 하나인데 그 생김새는 사람인지 짐승인지 또는 새인지 일정하지 않다. 노래하고 춤추는 괴물로서 혹은 사람 머리에 새의 몸을 하고 또 말 머리에 사람 몸을 하는 등 일정하지 않다.

24

마후라가(摩睺羅伽) : 범어의 마호라가(Mahoraga). 막호락(莫呼洛) · 모호락(牟呼洛)이라 쓰기도 한다. 대망신(大蟒神) · 대복행(大腹行)이라 번역하며, 몸은 사람과 같고 머리는 뱀의 머리를 한 악신(樂神)이다. 팔부중(八部衆)의 하나.

25

인비인(人非人) : 사람이라 할 수도 없고, 축생이라 할 수도 없고, 신이라 할 수도 없는 팔부중이 거느린 종속자들인데 긴나라(Kiṃnara, 緊拏羅)의 별명이기도 하다. 긴나라는 의인(疑人) · 의신(疑神) · 인비인이라 번역되는 팔부중의 하나로서 가신(歌神) · 가악신(歌樂神) · 음악신(音樂神)이라고도 불리는 노래와 춤의 신이다.

부록 二

보현행자의 서원

一. 서분序分

◎

부처님은 끝없는 하늘이시고, 깊이 모를 바다이십니다. 생각할 수 없는 청정 공덕을 햇살처럼 끊임없이 부어 주십니다. 나의 마음, 나의 집안, 우리 사회, 구석구석에 또한 온 겨레, 온 중생, 가슴속에 한없이 한없이 고루 부어 주십니다.

온 중생 온 세계 온 우주는 부처님의 자비하신 은혜 속에 감싸여 있습니다. 부처님의 거룩하신 은혜는 나의 생명과 우리 국토 온 세계에 넘치고 있습니다. 모든 중생이 부처님의 은혜로운 공덕을 받고서 태어났으며, 은혜로운 공덕을 받아 쓰면서 생활합니다.

온 중생은 모두가 일찍이 축복받은 자이며, 일찍이 거룩한 사명을 안고 이 땅에 태어나서 거룩한 삶의 역사를 열어가고 있습니다. 이와 같이 거룩한 광명과 은혜로 살고 있으면서 이 사실을 모르고 있는 자를 중생이라 하였습니다.

저들은 지혜의 눈이 없다 하기보다 착각을 일으켜 육체를 자기로 삼고, 듣고 보는 물질로써 세계를 삼으며, 거기서 얻은 생각으로 가치를 삼고, 그를 추구합니다. 그렇기 때문에 중생세계는 겹겹으로 장벽에 싸여 있고 사람과 사람 사이는 막혀 있으며 중생들은 헤아릴 수 없는 고통에 갇겨 지냅니다.

이 모두가 미혹의 탓이며, 착각으로 말미암아 자기를 그릇 인정한 데에 기인합니다.

그렇지만 이 국토는 원래로 부처님 공덕이 넘쳐 있습니다. 설사, 중생들이 미혹해서 잘못 보고, 잘못 생각하고, 고통을 느끼더라도 실로 우리와 우리의 국토가 부처님의 광명국토임은 변하지 않았습니다. 거룩한 광명과 거룩한 공덕이 영원히 변함없이 이 세계를 감싸안고, 그 속에 온 중생이 끝없는 은혜를 지닌 채 약여躍如합니다.

이 세상이 우리 눈에 어떻게 나타나 보이더라도, 이 마음에 어떻게 느껴지더라도, 저희들은 부처님의 무량 공덕장 세계를 의심하지 않겠습니다. 온 세계 가득히 넘쳐 있는 거룩한 공덕을 결코 의심하지 않겠습니다.

거룩하신 대보살들과 모든 중생들이 부처님의 거룩하신 마음속에 하나인 것을 굳게 믿사옵니다. 일체 중생의 본성이 불성이므로 온갖 중생의 생명이 부처님의 공덕 생명임을 믿사오며, 중생들이 이 참생명을 믿고 구김없이 씀으로써, 한량없는 새로운 창조가 열리는 것을 굳게 믿사옵니다.

보현보살께서 말씀하신 십종 행원은 부처님의 무량 공덕을 우리의 현실 위에 발휘하는 최상의 지혜행입니다. 행원을 실천하는 데서 우리와 우리의 가정과 우리의 사회 위에 생명의 참가치가 구현되며, 우리 국토 위에 불국토의 공덕 장엄이 구현됩니다.

보현행원은 부처님의 무량 공덕세계를 여는 열쇠입니다. 열 가지

문은 하나로 통해 있습니다. 한 가지를 행해도 부처님의 온전한 공덕은 넘쳐 나옵니다. 행원의 실천은 우리가 자기 생명의 문을 여는 일입니다. 나의 생명 가득히 부어져 있는 부처님 공덕을 발휘하는 거룩한 기술입니다. 나의 생명을 부처님 태양 속에 바로 세우는 일이며, 내 생명에 깃든 커다란 위력을 펴내는 생명의 숨결이며, 박동拍動입니다.

그렇기 때문에 행원에는 목적이 없습니다. 어떠한 공덕을 바라거나, 부처님의 은혜를 바라거나, 이웃이 알아주기를 바라거나, 내지 성불하기를 바라지 않습니다. 행원 자체가 목적입니다. 행원은 나의 생명의 체온이며 숨결인 까닭에 나는 나의 생명껏 행원으로 살고 기뻐하는 것뿐입니다.

행원으로 나의 생명은 끝없는 힘을 발휘합니다. 출렁대는 바다의 영원과 무한성을 생명에 받으며 무가보無價寶가 흐르는 복덕의 대하大河가 생명에 부어집니다.

나의 참생명의 파동이 행원인 까닭에 나의 생명이 끝이 없고 영원하듯이 나의 행원도 끝이 없고 영원합니다. 허공계가 다하고, 중생계가 다하고, 중생의 업이 다하고, 중생의 번뇌가 다하더라도 나의 생명 행원은 다함이 없습니다.

보현행원은 나의 영원한 생명의 노래이며, 나의 영원한 생명의 율동이며, 나의 영원한 생명의 환희이며, 나의 영원한 생명의 위덕이며, 체온이며, 광휘이며, 그 세계입니다.

나는 이제 불보살님 전에 나의 생명 다 바쳐서 서원합니다.

보현행원을 실천하겠습니다. 보현행원으로 보리를 이루겠습니다. 보현행원으로 불국토를 성취하겠습니다.

대자대비 세존이시여 저희들의 이 서원을 증명하소서.

二. 예경분禮敬分

◎

부처님께 예경하겠습니다. 일체 세계 일체 국토에 계시는 미진수微塵數 부처님께 예경하겠습니다. 혹은 보살신으로 나투시고, 혹은 부모님으로 나투시고, 혹은 형제나 착한 이웃으로 나투시고, 혹은 거친 이웃이나 대립하는 이웃으로 나타나시는 자비하신 부처님께 빠짐없이 예경하겠습니다. 아무리 모나게 나에게 대해 오고, 아무리 억울하고 다시 어려운 일을 나에게 몰고 오더라도, 거기서 자비하신 부처님을 보겠습니다.

나를 키우시려는 극진하신 자비심에서 나의 온갖 일을 다 살펴주시고, 천만가지 방편을 베푸시어 자비하신 은혜로 나에게 대해 오시는, 나를 둘러싼 수많은 부처님. 비록 형상과 나툼이 아무리 거칠더라도 진정 곡진하신 자비심을 깊이 믿고 감사하겠사오며 그 모든 부처님을 공경하겠습니다. 온갖 방편 다 기울여서 영원한 미래가 다하도록 예경하겠습니다.

부모님과 형제, 이웃과 벗, 온 겨레와 중생이 사실 부처님 아니신 분 없으십니다. 끝없고 한없는 공덕을 갖추지 않으신 분 없으십니다. 이 모든 거룩한 임께 내 지극정성 다 바쳐서 예경하겠습니다. 그리고 이 사회, 이 국토, 이 질서 속에서 이와 같은 불성佛性 인간의 존엄과 신성이 보장되고 그가 지닌 지고至高한 가치와 능력과 덕성이 발휘되도록 힘쓰겠습니다.

三. 찬양분讚揚分

모든 부처님을 찬양하겠습니다. 부처님의 대지혜와 대자비의 끝없는 큰 공덕을 찬양하겠습니다. 부처님이 지니신 바 거룩하온 서원력은 일체 세계 일체 시간을 덮고 있사오며, 저희들은 온갖 지혜, 온갖 힘을 다 기울여도 그 작은 부분조차 생각할 수 없사오니 오직 있는 정성 모두 바쳐 끝없는 서원력을 찬양하겠습니다.

일체 중생 모두가 또한 부처님의 공덕을 모두 갖추었으니 일체 중생이 갖춘 그 모든 공덕을 찬양하겠습니다. 겉모양이 비록 가지가지 중생상을 보일지라도 그것은 모두가 허망한 그림자이며 나를 위한 방편시현이십니다. 실로 모든 중생이 진정 중생이 아니며 부처님의 거룩하신 공덕을 구족하게 갖추고 있사옵니다.

지극히 지혜롭고 지극히 자비하고 온갖 능력 다 갖추었으며, 온갖 공덕 다 이루어 원만하고 자재하니 이것이 일체 중생의 참모습이옵니다. 저희들은 이 모든 중생과 그가 지닌 한량없는 공덕을 찬양하겠습니다. 결코 중생이라 낮춰 말하지 않겠습니다. 비방하거나, 어리석다 하거나, 무능하다 하거나, 불행하다 하거나, 미래가 어둡다고 말하지 않겠습니다. 부처님께서 완전하심과 같이 일체 중생이 원만한 덕성임을 믿사오며 그 모두를 항상 찬양하겠습니다.

끝없는 은혜를 주시는 부처님이 항상 우리 주변에 계시어서 혹은 부모님이기도 하고, 아내나 남편이기도 하고, 형제가 되기도 하고, 이웃이나 벗이나 같은 겨레가 되어서 언제나 끝없는 은혜를 부어주고 계시며, 이 땅 위에 부처님 광명세계를 이룩하기 위하여 큰 위신력을 떨치고 계심을 깊이 믿고, 저 모든 부처님을 미래세가 다하도록 찬양하겠습니다.

일체 세계에 극미진수 부처님이 계시고, 그 낱낱 부처님 계신 곳마다 한량없는 보살들이 둘러계심을 깊이 믿사오며, 눈앞에 대하듯 정성 기울여 찬양하겠습니다.

중생과 세계의 나타난 현상이 아무리 거칠고 부정하게 보이더라도 실로 실상은 청정하고 원만하오니 저는 기필코 중생과 세계의 실상을 찬양하고 긍정하는 말을 하겠습니다.

참된 진리의 모습을 깊이 믿고 그대로를 말하는 것이 실상의 말이며, 참된 말이며, 올바르게 찬양하는 말인 것을 깊이 믿습니다. 그리고 이와 같이 믿고 찬양하는 참 말은 위대한 성취력을 지니며 창조의 힘을 나타냄을 깊이 믿습니다. 그리하여 저희들이 닦는바 찬양하는 행원은 이것이 이 세상에 평화와 번영과 청정과 협동을 실현하는 심묘한 작법임을 믿습니다. 저희들은 이 찬양하는 행원으로 우리의 마음과 우리의 세계에 실상공덕을 구현시키겠사오며 우리들이 바라온 바 보살의 국토를 성취하고 우리의 일상생활 속에서 필요한 낱낱 소망을 성취하겠습니다.

말은 이것이 위대한 창조의 힘을 지니고 있사온바 저희들은 참된 말을 바로 써서 말의 위력을 실현하겠습니다. 결코 거짓말을 하지 않겠사오며, 나쁜 말을 하지 않겠사오며, 참된 말만을 하겠습니다. 결코 소극적이며, 부정적이며, 비관적인 말을 하지 않겠습니다. 진리의 참모습이 적극적이며, 활동적이며, 원만하며, 영원하기 때문입니다. 변재천녀는 미묘한 말과 음성을 내겠지만, 저희들은 그보다도 참된 말을 하고 부처님의 참된 공덕세계를 믿고 긍정하고 찬양하는 말을 하겠습니다.

四. 공양분供養分

◎

널리 공양하겠습니다. 시방세계 일체처에 미진수의 부처님이 계시고 한량없는 보살들이 함께 계심을 깊이 믿사오며, 눈앞에 대한 듯 분명한 지견으로 모든 불보살께 공양하겠습니다.

음식으로 공양하겠습니다. 꽃과, 향과, 음악과, 의복과, 의약과, 방사와 그밖의 모든 공양구로 항상 공양하겠습니다. 공양은 이것이 부처님께서 주신 바 무량복덕의 문을 활짝 여는 길임을 믿습니다. 저희들은 간탐심과 애착심으로 인하여 참된 공양을 행하지 못하였고 설사 약간의 공양을 한다 하더라도 이유와 조건을 붙인 공양이었습니다. 그러므로 그 과보는 가난하고 물질생활에서 부자유하며 제한을 많이 받고 있사옵니다.

저희들은 이제 공양을 행하되 마음의 문이 활짝 열리도록 아낌없이 바람없이 지성껏 공양하겠습니다. 정성 바쳐 공양함으로써 애착과 간탐심의 작은 뿌리들을 하나하나 뽑겠습니다. 부처님의 무량 복덕이 우리 생명에 흘러오는 것을 가로막고 있는 마음의 장벽들이 모두 다 무너지도록 청정한 마음으로 공양하겠습니다.

부처님께 공양하겠습니다. 부모님과 형제와 모든 이웃에게 공양하겠습니다. 부처님께 공양하듯 차별없이 정성 다 바쳐서 공양하겠습니다.

저희들의 이와 같은 공양은 저희들을 가난하게 만들고 부자유스럽게 만드는 모든 요인을 남김없이 타파하여 우리의 생명 위에 부처님의 무량 공덕이 시원스레 물결쳐 흘러 들어오게 함을 믿사옵니다.

법공양에 힘쓰겠습니다. 부처님 말씀대로 수행하는 공양과, 중생들을 이롭게 하는 공양과, 중생을 섭수하는 공양과, 중생의 고를 대신받는 공양과, 선근을 부지런히 닦는 공양과, 보살업을 버리지 않는 공양과, 보리심을 여의지 않는 공양을 닦겠습니다.

재물을 베풀어 공양하면 복덕의 종자를 심는 것이며 복덕의 문이 열려옵니다. 이것은 중생의 육체생명을 키워주는 소중한 조건이옵니다. 그러나 법공양을 행하면 행하는 자와 공양받는 자가 다함께 법신생명이 성장하오며 무량한 법신공덕이 넘쳐오고 그 국토에 찬란한 법성광명이 빛나게 됩니다. 그러므로 법공양을 행하는 공덕이 얼마만한가를 부처님께서도 다 말씀하지 못하십니다.

부처님께서는 무엇보다 법을 존중히 하십니다. 법공양을 행하고 부처님 가르침을 행하면 이 세상에 곧 부처님이 출생하시옵니다. 법이 불이며, 법은 추상적 이치에 있는 것이 아니고 구체적인 바른 행동에 있기 때문입니다. 그러므로 법공양이 참된 부처님 공양이며 이로써 일체 부처님께 참된 공양을 성취합니다. 법공양을 행함은 일체 불보살의 바라시는 바를 실현하는 것입니다.

그러므로 법공양을 행하면 보리와 싹이 자라고, 법공양을 행하면 무량 공덕문이 열리며, 법공양을 행하면 중생이 성숙되고, 법공양을 행하면 국토가 맑아지오며, 제불보살이 환희하시옵니다.

저희들은 이 생명을 법공양으로 빛내겠습니다.

부모님께 공양하겠습니다. 아내와 남편에게 공양하겠습니다. 형제와 이웃과 모든 동포 모든 인류에게 공양하겠습니다. 이 생명 영원하고 청정함과 같이 영원히 법공양을 하겠습니다.

預. 참회 분懺悔分

◎

모든 업장을 참회하겠습니다. 기나긴 과거세에서 오늘날에 이르도록 햇빛보다 밝은 참 성품을 어기고 많은 죄업을 지었습니다. 기나긴 과거세에서 금생에 이르는 동안 미혹하고 어리석어 성내고 탐욕부려 많은 죄를 지었습니다. 몸으로 죄를 지었습니다. 입으로 죄를 지었습니다. 생각에만 있을 뿐, 행이나 말로 나타나지 아니한 죄도 또한 많이 지었습니다. 그 사이에 지은 죄는 아는 것도 있고 모르고 범한 죄도 있사오며, 지은 죄를 잊은 것도 한이 없습니다. 이 모든 죄가 만약 형상이 있다면 허공으로 어찌 용납할 수 있으리까? 이제 불보살님 앞에 머리 조아려 참회하옵니다. 영영 다시는 짓지 않겠사오며 영원토록 청정 자성을 행하여 나아가겠습니다.

이제 저의 밝은 자성 드러내어 살피옵건대, 저희들이 지난 동안 지은 바 모든 죄업들은 밝은 자성 앞에 가로놓인 한 조각 구름이오며 한 가닥의 안개인 듯하옵니다.

내 이제 청정한 삼업에 돌아가 모든 불보살님 전에 거듭 지성으로 참회하옵니다. 다시는 악한 업을 짓지 않겠습니다. 영영 청정한 일체 공덕 속에 머물러 있겠습니다. 죄업은 이것이 어둠이오며, 참회는 이것을 밝은 자성광명 앞에 드러냄이옵니다. 찬란한 자성광명 앞에 어찌 사라지지 아니할 어둠이 있사오리까. 밝음 앞에 어둠이 사라지듯이 저의 참회 앞에 모든 죄업이 사라짐을 믿사옵니다. 죄업이 사라졌으매 다시 어찌 청정한 자성광명을 가로막을 것이 있사오리까. 참회하였으므로 죄업이 소멸되고 모든 죄업이 소멸되었사오매 저의 생명에는 끝없는 부처님의 자비 공덕이 넘쳐남을 믿사옵니다. 그러므로 저희들은 지성으로 참회하고는 다시는 죄를 생각하지 않겠습니다.

흘러간 구름을 쫓지 않겠사오며 지나간 어둠을 마음속에 붙들어 놓지 않겠습니다. 항상 밝은 마음, 항상 맑은 마음, 항상 활기찬 마음으로 일체 공덕을 실천하겠습니다. 끝없는 청정행을 펴 나아가겠습니다. 그리고 때없는 맑은 눈으로 일체 세계 일체 중생을 대하겠습니다. 남이 잘못하는 듯이 보이는 허물은 남의 허물이 아니옵고 제 자신의 허물임을 알겠습니다.

원래 마음 밖에는 한 물건도 없는 것이오매 어찌 내 마음의 허물을 떠나서 다른 사람의 허물이 있사오리까? 밖에 나타나 보이는 허물은 이것이 나 자신의 마음속에 깃든 어두운 그림자의 나타남임을 알고 다시 참회하는 마음을 새로이 하겠습니다.

고난과 장애를 당하여 결코 불평하거나 원망하지 않겠습니다. 고난이 나타났으므로 업장이 소멸되고 참회하여 소멸되었음을 믿고 기뻐하고 용기를 내겠습니다.

六. 수희분隨喜分

◎

남이 짓는 공덕을 기뻐하겠습니다. 모든 부처님께서 처음 발심하실 때로부터 무상지無上智를 구하기 위하여 부지런히 복덕을 닦을새 몸과 목숨을 돌보지 아니하고 무한겁이 다하도록 난행고행을 행하시면서 가지가지 바라밀문波羅蜜門을 닦으신 그 모든 공덕을 기뻐하겠습니다.

가지가지 보살도를 원만히 닦으시고 마침내 무상도를 성취하시며 열반에 드신 뒤에 사리를 분포하시는 그 모든 공덕을 기뻐하겠습니다. 또한 시방일체세계에 있는 사생四生 · 육취六趣 모든 종류 중생들이 짓는 한 털끝만한 공덕이라도 존중하며 함께 기뻐하겠습니다. 시방세계 모든 보살들과 모든 성자들과 모든 스님들이 닦으시는 온갖 공덕을 다 함께 기뻐하겠습니다.

일체 중생 어떤 종류의 중생이 짓는 공덕이라도 극진히 존경하겠사옵거든 하물며 보살들이 닦으시는 행하기 어려운 여러 수행이리까! 가지가지 난행고행으로 무상도를 이루시며, 모든 중생에게 가르치시고, 또한 우리에게 올바른 행의 표본이 되시며, 깊은 가르침을 주시고 나아가 불국토를 성취하시는 그 모든 높은 공덕을 남김없이 찬양하고 기뻐하겠습니다.

세상에서 나쁜 사람이라고 낙인찍힌 사람일지라도 그가 행하는 착한 공덕이 또한 한이 없음을 믿고, 그가 행한 털끝만한 공덕이라도 진심으로 기뻐하겠습니다. 나를 해치려 하고 모함하고 욕하고 억울한 누명을 씌우거나 또는 때리고 손해를 끼친 사람이라 하더라도 그가 지닌 공덕을 찬탄하고 그가 짓는 공덕을 함께 기뻐하겠습니다.

모든 불보살과 일체 중생과 저희들은 원래 한 몸이옵기에 그 중 어느 하나가 지은 공덕은 바로 그것이 저 자신의 기쁨이 아닐 수 없습니다. 함께 기뻐함으로써 넓고 큰 기쁨이 너울치는 큰 생명을 가꾸어 가겠습니다. 남이 짓는 공덕을 함께 기뻐하올 때 남과 나는 둘이 아님을 확인하옵니다. 이 세간 누구와도 대립된 자 없고 불화할 사람 없사오니 이 천지 누구와도 화합하고 화목하게 지내며 존중하겠습니다.

화합하지 아니함은 대립한 것이요, 두 쪽이 된 것이며 은혜를 주신 수많은 불보살님과 담을 쌓고 척을 짓는 것이 되옵니다. 설사 부처님께 공양하고, 부처님을 받들어 섬기며 경전을 외운다 하더라도 만약 부모님이나 부부나 형제나 이웃이나 그밖의 벗들과 화목하지 못한다면 부처님께 공양은 성취되지 못하옵니다. 부모님과 형제와 모든 이웃과 한마음이 되고, 존경하고 아끼고 함께 기뻐하올 때 불보살님께 공양이 성취됨을 믿사옵니다.

부처님은 일체를 초월한 불이不二로 계시오며, 일체 중생을 하나로 하신 곳에 계시옵니다. 일체와 화합하고 일체와 둘이 아님을 쓰는 데서 저희들은 부처님의 은혜를 받을 수 있는 것이며 그 기쁨을 누릴 수 있사옵니다. 남이 짓는 공덕을 기뻐한다는 것은 진정 그와 더불어 마음을 함께 함이옵니다. 저희들은 남이 짓는 공덕을 함께 기뻐함으로써 거기에서 부처님이 주시는 자비하신 은혜를 받을 마음바탕을 이루게 됨을 믿사옵니다.

이와 같이 한마음이시며 큰 은혜를 베푸시는 부처님께 감사하겠습니다. 부모님과 형제에게 감사하겠습니다. 감사는 바로 화목이며 둘이 아님을 이루는 것이오매 저희들은 일체 중생에 감사하겠습니다. 한 몸이 생각없이 한 몸의 완전을 도모하듯이 둘이 아닌 경지에서는 결코 서로에 해침이 없사옵니다.

일체 중생에 감사하여 둘이 아니며, 그의 승리, 그의 성공, 그의 공덕을 찬양하고 기뻐할 때, 그 모두는 나와 더불어 한 몸이거니 어느 무엇이 나를 해칠 자 있으오리까. 일체 중생과 둘이 아닌 이 몸을 이루게 하는 '감사'와 '함께 기뻐하는' 이 심묘한 법을 저희들은 생명껏 노래하고 받들어 행하겠습니다.

七. 청법분請法分

◎

설법하여 주시기를 청하겠습니다. 일체 세계 처처에 한량없는 부처님이 계시니 제가 그 모든 부처님께 몸과 말과 뜻을 기울여 여러 가지 방편을 지어서 설법하여 주시기를 권청하겠습니다.

아무리 많은 세간적 영화가 가득 찼다 하더라도 그것은 모두가 잠깐이기 때문에 번개나 아침이슬과도 같은 것이라 믿고 의지할 바 못되지만, 부처님 법은 이것이 영겁의 보배이며 영원한 생명수生命水입니다. 부처님의 법으로 중생은 대해탈을 성취하며 이 세계는 불국토로 바뀝니다. 이 법이 머무르는 곳에 태양이 있는 것이고, 이 법이 숨었을 때 영겁의 어둠이 있다고 하옵니다. 진정 부처님 법은 진리의 태양이십니다. 오래오래 이 땅에 머물러서 영원토록 중생들을 이롭게 하여 주시기를 간절히 바라옵니다.

부처님 법은 원래 있는 것이매 쇠衰하거나 성盛할 것도 없사옵니다. 부처님이 나타나시어서 다시 더 한 법이라도 가히 보탤 것도 없는 것이오나, 미혹한 중생들에게는 부처님의 말씀이 아닌들 어찌 영원한 감로의 법을 알 수 있사오리까! 부처님의 설법을 통해서 비로소 저희 앞에 불법이 나타날 수 있사옵니다. 불법이 있음으로써 중생의 희망도 국토의 평화도 마침내 이룰 수 있사옵니다. 참되게 살고 싶어도 거짓과 다툼과 고통의 수레바퀴를 벗어나지 못하는 것은 중생들이 불법을 모르는 데서 오는 것이오니, 진실로 설법은 중생과 세계를 붙들어 나아갈 가장 근원적인 지혜며 힘이시옵니다.

모든 부처님께 설법하여 주시기를 청하겠습니다. 모든 대보살께 설법하여 주시기를 청하겠습니다. 모든 선지식들과 모든 스님들께 설법하여 주시기를 청하겠습니다. 설사 잠시 동안 스님을 만나거나, 잠깐 동안 삼보 도량에 머물렀거나, 한 장의 경전을 읽은 사람에게까지라도 설법하여 주시기를 청하겠습니다. 저의 몸과, 저의 말과, 저의 뜻을 다 바쳐서 설법을 청하겠습니다. 이 땅 위에 평화가 영원하도록, 모든 중생이 환희하도록 이들 모두를 가꾸고 키워 주시는 감로의 법우法雨가 끊임없이 포근히 내려지도록 지극정성 기울여서 권청하겠습니다.

이 땅이 아무리 스산하고, 이 땅이 아무리 캄캄하고, 이 땅이 아무리 폭풍우가 몰아쳐도 필경 이 모든 불행과 악과 재난을 쓸어버리는 것은 오직 부처님의 법문뿐이오니, 대법문의 수레가 멈추지 않고 구르는 한 찬란한 아침 해는 밝아 오는 것이며, 구름을 몰아내는 한 가닥 바람은 거기에 있사옵니다.

이 땅 위에 설법이 행해지는 데는 선지식이 계시고 설법할 법당과 법을 설할 모임이 있어야 하옵니다. 부처님에게 죽림정사竹林精舍와 기수급고독원祇樹給孤獨園이 있었듯이 청법하올 대중과 설법하올 처소가 있어야 하옵니다. 서로가 화합하고 환희하며, 서로가 힘을 합하여 법을 굴리기에 힘쓴다면 설법은 더욱더 우레같이 울려 퍼져서 우리 사회

구석구석에 감로법우甘露法雨가 넘쳐납니다. 그러하옵기에 저희들은 법륜이 영원토록 구르게 하기 위하여 정성 다 바쳐서 설법 환경을 가꾸겠습니다.

이 땅에 선지식이 나타나시어 법을 설하시는데 이를 비방하거나, 모임에 불참하거나, 허튼 말을 돌려서 불목하게 한다면 이것은 법륜이 구르는 것을 방해하는 것이오니 어찌 털끝만큼이라도 감히 그런 짓을 하오리까.

저희들은 맹세코 선지식께 설법하여 주시기를 청하겠사오며, 항상 법을 배우는 거룩한 무리들과 그 모임을 환희 찬탄하겠사오며, 법회가 열리는 곳이 비록 먼 곳이라 하더라도 가장 귀한 보물을 찾아가는 마음으로 찾아가 청법하겠사오며, 선지식과 그 모임의 거룩하온 이름을 널리 드날리겠습니다.

八. 청주분請住分

◎

모든 부처님께 이 세상에 오래 계시기를 청하겠습니다. 모든 보살들과 성문 · 연각 · 유학 · 무학 일체 선지식에게 열반에 드시지 말고 영원토록 이 세상에 머무르시면서 중생들을 이롭게 하여 주시도록 권청하겠습니다. 부처님은 법계의 태양이시며, 선지식은 일체 중생을 돕고 성숙시킬 마지막 의지처이십니다. 이 모든 성스러운 스승님께서는 항상 밝고 맑은 청정법을 흘러내시어 중생을 키워 주시고 세계를 윤택하게 하여 주시옵니다.

저희들은 이들 모든 부처님과 모든 선지식을 물 건너는 사람의 부낭浮囊과 같이 생각하고 존중하고 의지하며, 세간의 안목으로 받들고 섬기겠습니다. 생명의 물줄기는 이들 성스러운 선지식을 통해서 흘러나옵니다. 이 땅 위에 감로수가 끊이지 아니하도록, 복전이 영원하도록, 지혜의 태양이 영원히 빛나도록, 중생이 의지할 두려움이 없는 힘이 영원하시도록 저희들은 기원드리겠사오며, 모든 선지식에게 열반에 드시지 말고 영겁토록 머물러 주시기를 지심 간청하겠습니다.

선지식께서는 우리를 가르치시며, 우리와 함께 일하시며, 우리를 보호하여 주십니다. 우리의 선지식께서는 불조의 정지견正知見을 갖추셨으며, 마음에 상이 없으시고, 항상 청정범행을 찬탄하시옵니다. 설사 저희들이 친근코자 하여도 교만하지 않으시고, 저희들이 멀리하여도 원한이 없으시오나, 저희들은 이 모든 선지식에게 목숨 다 바쳐 공양하고 섬기겠습니다.

선지식이 이 땅에 머무르시올 때 이 땅에는 안목이 있는 것이며, 선지식이 이 땅을 떠났을 때 이 땅은 지혜의 눈을 잃으옵니다. 선지식이 아니 계시올 때 중생들은 무엇을 인하여 기나긴 미망의 밤을 헤어날 수 있사오리까.

오늘 저희들은 거룩하온 선지식들을 모시고 있사옵니다. 맹세코 이들 모든 선지식을 공양하고 섬기오면서 그 가르침을 받들어 행하고, 일체 불찰 극미진수겁極微塵數劫토록 이 세상에 머물러 주시기를 간청하겠습니다.

일찍이 유덕왕有德王이 각덕覺德 비구를 보호하고자 하여 스스로의 신명을 바침으로써 아촉불국 제일의 성문이 되었고, 마침내 그 호법공덕으로 정각을 이루심과 같이 저희 또한 일체의 선지식을 받들고 섬기어 거룩한 법이 이 땅에 영원히 머물도록 힘쓰겠습니다.

九. 수학분隨學分

◎

항상 부처님을 따라 배우겠습니다. 부처님의 견고하신 발심과 불퇴전不退轉의 정진을 배우겠습니다. 지위나 재산이나 명예나 내지 목숨까지도 보시하신 것을 따라 배우겠습니다. 헤아릴 수 없는 난행고행을 닦으시고, 보리수 하에서 대보리를 이루시고, 가지가지 신통변화를 일으키시던 일을 따라 배우겠습니다.

어떤 때는 부처님 몸을 나투시고, 어떤 때는 보살 몸을 나투시고, 혹은 성문 · 연각의 몸을 나투시고, 성왕이나 학자나 정치가나 사업가

나 혹은 무명의 거사신居士身을 나투시기도 하며, 혹은 천룡팔부 등 신중神衆의 몸을 나투시면서 저들의 모인 곳에 이르러 저들을 성숙시키던 일들을 다 따라 배우겠습니다.

부처님의 음성은 원만하시고, 중생의 근기따라 알아듣게 하시며, 그들의 마음을 열어 번뇌를 쳐 없애고 지혜와 환희가 넘쳐나게 하시며, 마침내 저들의 기뻐함을 따라서 수행을 성취케 하시니 저희들은 그 모두를 따라 배우겠습니다.

부처님께서 열반을 보이심은 중생의 방만放漫을 여의게 하고자 하심이시니 짐짓 열반상을 보이시나 실로는 멸도함이 없사옵니다. 영원토록 중생들을 깨우치고 키워 주시고자 온갖 방편 베푸시며 잠시의 쉼도 없으시는 그 모두를 따라 배우겠습니다. 부처님께서 발심하고 정진하고, 고행하시고, 대각을 이루시고, 교화하시는 그 사이에 베푸신 칭량 못할 무량 법문은 모두가 중생들이 닦아가야 할 표준을 보이심이십니다. 청정한 자성을 구김없이 온전히 드러내는 과정과 방법을 보이심이오니 저희들은 이 모두를 따라 배워서 본래의 함이 없는 땅에 이르겠습니다.

누구나 중생된 몸에서부터 시작하여 번뇌의 몸, 업보의 몸 그 모두를 벗어나고 청정한 본법신本法身을 이루고자 할진대, 부처님이 행하신 바 그 모두는 마땅히 배우고 의지하고 닦아 이룰 위없는 대도이며 묘법임을 깊이 믿고 지성 다해 받들어 배우겠습니다.

十. 수순분隨順分

○

항상 중생을 수순하겠습니다. 진법계 허공계 시방세계에 있는 모든 중생을 수순하겠습니다. 태로 낳든 알로 낳든 출생의 차별없이 수순하겠습니다. 땅에 살든 물에 살든 하늘에 살든 풀숲에 살든 마을에 살든 궁전에 살든, 그 모든 중생을 수순하겠습니다. 몸의 형상이 어떻게 생겼더라도 차별하지 아니하고, 그의 수명이 길든 짧든, 나이가 많든 적든 차별하지 아니하고 수순하겠습니다. 종족이나 그가 속한 계급을 보지 않고 수순하겠사오며 그의 심성이 간악하든 질투하든, 넓든 좁든 선하든 악하든 모두들 수순하겠습니다. 지혜 있든 지혜가 없든, 어떠한 행동을 하든, 거동과 형색이 아무리 괴이하더라도 다 한결같이 수순하겠습니다.

형상이 있든 없든, 생각이 있든 없든, 빛깔이 있든 없든, 모든 중생들을 수순하겠습니다. 부모와 같이 공경하며 스승이나 아라한이나 내지 부처님과 조금도 다름없이 받들어 섬기겠습니다. 병자에게는 어진 의원이 되고, 길잃은 자에게는 바른 길을 가리키고, 어두운 밤중에는 광명이 되고, 가난한 이에게는 보배를 얻게 하면서 일체 중생을 평등하게 받들고, 그의 이익을 도모하겠습니다.

중생을 수순함은 모든 부처님을 수순함이 되며, 중생을 존중히 받들어 섬기면 여래를 존중히 받들어 섬김이 되며, 중생으로 하여금 환희심이 나게 하면 여래로 하여금 환희하시게 함이오니, 저희들은 모든 중생에게 부처님을 대하듯 공경하고 받들어 섬기겠습니다. 부처님을 큰 나무에 비유하오면 중생은 나무의 뿌리요, 보살은 꽃과 과실이시옵니다. 만약 나무뿌리에 물을 주면 어찌 지혜의 꽃과 과실이 무성하지 않겠사오며 여래이신 나무가 환희로 장엄하지 않으오리까.

부처님께서는 중생으로 인하여 대비심을 일으키시고, 대비심으로 인하여 보리심을 발하시며, 보리심으로 인하여 정각을 이루신다 하시니, 중생을 공경하고 받들어 섬김이 이 어찌 부처님을 받들어 섬김이 아니오리까?

중생이 없사올 때 일체 보살이 성불하지 못한다 하셨사옵니다. 저희들은 모든 중생을 받들어 섬기겠습니다. 원수거나 친한 이나 차별없이 받들어 섬기겠습니다. 그러하옵거늘 어찌 부모님이나 아내나 남편이나 형제와 이웃을 받들어 섬기지 아니하오리까? 이분들을 수순하고 받들어 섬기올 때 보살의 나무는 무성하고, 보리의 화과華果가 성취되오며, 저희들의 생활마당에 크나큰 공덕의 물결이 넘쳐오는 것을 믿사옵니다.

이와 같이 수순을 배워 올 때 어찌 이 세상에 불화하고 불목하고 대립할 중생이 있사오리까. 저 모든 중생들은 부처님이 마땅히 거두시는 바며, 내가 마땅히 회복하여야 할 자기 생명의 내용입니다. 저들을 수순하고 받들어 섬김은 곧 참된 자기의 성장이며, 원만성을 한층 성취하는 것이 되옵니다. 중생이 중생이 아니요, 내 자성의 중생이오니, 저들을 받들고 수순하며 공양하면 이것이 자기 제도며 중생 제도며 제불 공양을 함께 하는 법공양이 아니오리까.

중생은 자성 분별이요, 수순은 자성 청정의 실현이오니, 이것이 보살의 최상행임을 믿사옵니다. 중생들을 성숙하고 참된 이익을 주기 위하여 저희들은 부지런히 지혜를 닦겠사오며, 다시 서원과 방편을 깊이 닦아서 항상 모든 중생을 수순하겠습니다.

十一. 회향분廻向分

◎

지은바 모든 공덕을 널리 중생에게 회향하겠습니다. 부처님께 예배하고 공경하며, 모든 부처님을 찬양하며, 내지 모든 중생을 수순한 것까지의 모든 공덕을 진법계 허공계 일체 중생에게 남김없이 회향하겠습니다.

바라옵건대 모든 중생이 항상 안락하여지이다. 일체 병고는 영영 소멸하여지이다. 악한 일을 하고자 하면 하나도 됨이 없고, 착한 일을 하고자 하면 다 성취하여지이다. 저들이 나아가는 곳에 일체 악취의 문은 모두 닫히고, 인간에나 천상에나 열반에 이르는 바른 길은 활짝 열려 있어지이다.

저 모든 중생들이 무시겁래 지어 쌓은 악업으로 인하여 한량없는 고초를 받게 되옵거든 제가 다 대신 받겠사옵니다. 바라옵나니 저 모든 중생이 모두 해탈하여 무상보리를 성취하여지이다. 제가 지은 공덕은 일체 중생의 공덕이 되어 저들의 미혹한 마음이 활짝 밝아지오며, 불보살이 이루신바 모든 공덕을 수용하고 불국토의 청정 광명을 영겁토록 누려지이다. 옛 불보살이 이러하셨으며, 오늘의 불보살이 이러하시오매, 저희들의 회향도 또한 이러하옵니다.

부록 二

국악교성곡

보현행원송

보현행원으로 보리 이루리

서장

○

나 – 무 – 삼계대사 사생자부 시아본사 석가모니불

나 – 무 – 여래장자 법계원왕 만행무궁 보현보살마하살

나 – 무 – 대방광불화엄경 입부사의 해탈경계 보현행원품

거룩할사 부처님 위덕이여

빛나올사 부처님 공덕이여

끝없는 자비하심 걸림없는 위신력이여

아!

무엇으로 견주어 보고 그 누가 짐작인들 하오리까.

시방 일체 부처님이

불가설 불가설 불찰 극미진수겁에라도

다 말씀 못하시는 크옵신 공덕이여

말과 비유와 생각을 넘었어라.

아!

거룩하온 지혜시여

빛나옵신 위덕이여

온 국토 온 생명을 키우시는 빛이시어라 빛이시어라

불자여 형제여 이 땅의 광명이여
크옵신 공덕문은 활짝 열리고
자비하신 손길이 기다리시니
어서 어서 공덕문에 뛰어들지라
부사의 해탈문에 뛰어들지라
대원왕 보현행원 힘써 닦아서
무량광 여래공덕 이룰지로다.

(개경게)

위 - 없이	심히깊은	미묘법이여
백 - 천 -	만겁인들	어찌만나리
내 - 이제	보고듣고	받아지니니
부처님의	진실한뜻	알아지이다

(개법장진언)

옴 아라남 아라다 (3번)

대방광불화엄경 입부사의해탈경계 보현행원품

부처님의	크신공덕	한량없어라
제불께서	무량겁을	연설한대도
지니신덕	소분조차	말씀못하네

누가있어	이공덕을	이루려하면
열 - 가지	행의원을	닦을지로다
열가지 -	광대행원	닦을지로다

제 一 장

○

一. 예경제불원 禮敬諸佛願

보현행원	수행하는	보살들이여
모 - - 든	부처님께	예경할지라
시방세계	미진수불	빠짐이없이
눈 - 앞에	대 - 한듯	큰믿음으로
청정하온	삼업을 -	모두기울여
염념 - 히	끊임없이	예경할지라

二. 칭찬여래원 稱讚如來願

보현행원	수행하는	보살들이여
일체여래	모든공덕	찬탄할지라
시방세계	미진수의	부처님회상

한량없는 보살들이 함께하신데
미묘한말 무진음성 모두기울여
염념히 - 끊임없이 찬탄할지라

三. 광수공양원廣修供養願

보현행원 수행하는 보살들이여
시방세계 일체불께 공양할지라
수행하고 중생돕고 대신고받고
선근닦아 보살업을 쉬지않으며
보리 - 심 여의잖고 중생거두는
진실공양 법공양에 끊임없어라

四. 참회업장원懺悔業障願

보현행원 수행하는 보살들이여
무시이래 지은업장 참회할지라
지난동안 지내 - 온 무량겁중에
탐심진심 삼독심 - 삼업으로서
지은악업 허공 - 을 지내오리니
염 - 념히 끊임없이 참회할지라

預. 수희공덕원隨喜功德願

보현행원 수행하는 보살들이여
모든여래 지은공덕 기뻐할지라
일체제불 초심부터 무량겁동안
신명을 - 바쳐가며 닦은선근과
가지가지 바라밀문 원만히닦아
이루옵신 무상보리 수희할지라

六. 청전법륜원請轉法輪願

보현행원 수행하는 보살들이여
일체불께 설법 - 을 청할지로다
시방세계 끝이없는 불국토에서
미진수 - 불보살님 함께하신데
몸과말과 종종방편 모두기울여
묘한법륜 굴리기를 청할지로다

七. 청불주세원請佛住世願

보현행원 수행하는 보살들이여
일체제불 주세간을 청할지로다
일체세계 미진수불 열반들때와
성문연각 유무학과 선지식들께

열반에 -	들지말고	미진겁토록
중생들을	이락토록	권청할지라

八. 상수불학원常隨佛學願

보현행원	수행하는	보살들이여
어느때나	여래따라	배울지로다
비로자나	부처님이	발심하시고
신명을 -	아끼잖고	정진하시며
가지가지	난행닦아	보리이루고
중생들을	성숙시킴	배울지로다

九. 항순중생원恒順衆生願

보현행원	수행하는	보살들이여
온갖형상	일체중생	수순할지라
부모님과	스승님과	부처님처럼
섬기고 -	받들고 -	공양올리며
길 - 잃은	이에게는	길을가리켜
평등하게	요익하고	수순할지라

十. 보개회향원 普皆廻向願

보현행원	수행하는	보살들이여
중생에게	모든공덕	회향할지라
중생들이	안락하고	선업닦아서
악도문은	굳게닫고	열반길열며
악업으로	받는고는	대신다받아
모두모두	무상보리	이루게하라

(후 렴)

허공계가	다-하고	중생다하고
중생의-	번뇌가-	다할지라도
보살의-	행원은-	다하지않아

제 二 장

○

보살이여 이 - 것이 열 - 가지 행원이니
누구나 - 이대원을 받 - 들어 행한다면
이것이 - 중생들을 성숙하여 나감이며
아뇩다라 삼보리에 수순하고 행함이며
보현보살 큰행원을 원만하게 이룸이라.

어떤보살 세상에서 으뜸가는 칠보산과
인간이나 천상에 - 다시없는 안락으로
일체세계 중생에게 무량겁을 보시해도
이원왕이 귀에한번 지나침만 못하나니
그공덕은 만분에도 미치지 - 못하니라.

어떤사람 신심으로 대원왕을 수지하면
일체죄업 일체고뇌 모두다 - 소멸되고
마군이나 나찰들도 발심하고 수호하니
짙은구름 벗어난 - 달빛처럼 자재하여
불보살님 칭찬받고 천상인간 예경하리.

이사람은 인간되어 보현공덕 원만하고
보현보살 미묘색신 모두속히 성취하고
어느때나 천상인간 승족중에 태어나서
일체악취 일체외도 모두다 - 조복받아
사자왕이 당당하듯 중생공양 받으리라.

이사람은 연꽃속에 태어남을 보게되고
부처님의 수기받고 시방세계 다니면서
백천만억 나유타겁 중생따라 이익주고
마군중을 항복받아 보리도량 이르러서
무상정각 이루우고 묘법륜을 굴리리라.

이사람이 임종할때 일체몸은 무너지고
일체친족 일체위세 따라옴이 없건마는
오직보현 원왕만은 그의앞길 인도하여
찰나중에 왕생극락 아미타불 친견하고
문수보현 관음미륵 제보살을 뵈오리라.
한량없는 세계중생 보리심을 내게하고
근기따라 교화하여 무량중생 이익주니
대원왕을 들었거나 그말씀을 믿었거나
수지하고 독송하고 남을위해 말해주는

그사람이　　지닌공덕　　부처님만　　능히알리.

그대들은　　원왕듣고　　의심을 -　　내지마라
마음비워　　받고읽고　　능히외워　　지니면서
서사하고　　남을위해　　설해주는　　그사람은
일념중에　　모든행원　　모든복취　　성취하여
고해중생　　건져내어　　극락국에　　나게하리.

보현행원은 나의 진실생명의 문을 엶이어라.
무량위덕 발휘하는 생명의 숨결이어라.
보현행원은 나의 영원한 생명의 노래
나의 영원한 생명의 율동
나의 영원한 생명의 환희
체온이며 광휘이며 그 세계이어라.
내 이제 목숨바쳐 서원하오니
삼보자존이시여 증명하소서
보현행원을 수행하오리
보현행원으로 불국 이루리
보현행원으로 보리 이루리
나무 대행 보현 보살 마하살
나무 마하반야바라밀.

보현행원품 강의

1989년 9월 7일 초판 1쇄 발행
1994년 4월 30일 2판 1쇄 발행
2025년 1월 7일 3판 7쇄 발행

지은이 광덕 스님
발행인 박상근(至弘) • 편집인 류지호 • 편집이사 양동민
편집 김재호, 양민호, 김소영, 최호승, 하다해, 정유리 • 디자인 쿠담디자인
제작 김명환 • 마케팅 김대현, 이선호, 류지수 • 관리 윤정안
콘텐츠국 유권준, 김대우, 김희준
펴낸 곳 불광출판사 (03169) 서울시 종로구 사직로10길 17 인왕빌딩 301호
대표전화 02) 420-3200 편집부 02) 420-3300 팩시밀리 02) 420-3400
출판등록 제300-2009-130호(1979. 10. 10.)

ISBN 978-89-7479-060-8 (03220)

값 15,000원